W0242064

Montafon

Brigitte Schäfer

Karten-
Legende
auf den
Umschlag-
klappen

KOMPASS

Wanderführer

Impressum

© 2011 KOMPASS-Karten, A-6063 Rum/Innsbruck (11.01)

1. Auflage 2011 Verlagsnummer 5604 ISBN 978-3-85026-382-5

Text und Fotos: Brigitte Schäfer
Titelbild: Walserkultur und bizarre Gipfel von Innerberg aus gesehen
Bild S. 4/5: Auf dem Weg zum Schweizertor mit Blick auf Drusenfluh

Grafische Herstellung: wt-BuchTeam, Garching a.d.Alz
Wanderkartenausschnitte: © KOMPASS Karten GmbH

Alle Angaben und Routenbeschreibungen wurden nach bestem Wissen gemäß unserer derzeitigen Informationslage gemacht. Die Wanderungen wurden sehr sorgfältig ausgewählt und beschrieben, Schwierigkeiten werden im Text kurz angegeben. Es können jedoch Änderungen an Wegen und im aktuellen Naturzustand eintreten. Wanderer und alle Kartenbenützer müssen darauf achten, dass aufgrund ständiger Veränderungen die Wegzustände bezüglich Begehbarkeit sich nicht mit den Angaben in der Karte decken müssen. Bei der großen Fülle des bearbeiteten Materials sind daher vereinzelte Fehler und Unstimmigkeiten nicht vermeidbar. Die Verwendung dieses Führers erfolgt ausschließlich auf eigenes Risiko und auf eigene Gefahr, somit eigenverantwortlich. Eine Haftung für etwaige Unfälle oder Schäden jeder Art wird daher nicht übernommen. Für Berichtigungen und Verbesserungsvorschläge ist die Redaktion stets dankbar. Korrekturhinweise bitte an folgende Anschrift:

Walter Theil, Irmengardstr. 9, D-84518 Garching a.d.Alz
Tel.: 0049/(0)8634/689803, Fax: 0049/(0)8634/689804
info@wt-buchteam.de, www.wt-buchteam.de

KOMPASS-Karten GmbH, Kaplanstraße 2, A-6063 Rum/Innsbruck
Tel.: 0043/(0)512/2655610, Fax: 0043/(0)512/2655618
kompass@kompass.at, www.kompass.at

Brigitte Schäfer

Was macht das Montafon für Sie so besonders?

Sommer im Montafon bedeutet für mich Bewegung zwischen grünen Matten und ewigem Eis. Will ich meine kleine oder große Tour auf 650 m im Tal starten oder auf der Bielerhöhe auf 2037 m, zieht es mich in die Gebirgsgruppe Verwall, Rätikon oder Silvretta? Alles ist möglich.

Und dies in einer einzigartigen Kulturlandschaft. Viele Namen zeugen noch heute von der ursprünglichen Besiedelung durch die Rätoromanen. Und nur hier gibt es das Montafoner Haus, den Montafoner Tisch, die Montafoner Tracht und den Montafoner Sauerkäse, im Montafoner Dialekt = Montafunr Sura Kees.

Vorwort

Das Montafon zweigt bei Bludenz ab und zieht sich ca. 40 Kilometer lang bis zur Bielerhöhe hinauf. Hier an der Wasserscheide zwischen Nordsee und Schwarzem Meer entscheidet sich die Ill für ihren Weg durch das charaktervolle Montafon. Das Tal wird im Norden von der Verwallgruppe und im Süden von der Silvretta und dem Rätikon begrenzt. Schon alleine dadurch ergibt sich eine große Vielfalt an Wandermöglichkeiten in allen Schwierigkeitsgraden.

Aber auch die vielen reizvollen Seitentäler eröffnen neue Ein- und Ausblicke sowie hoch interessante Wege. So z. B. das Silbertal, Gauertal, Gargellental und das Garneratal, um nur einige zu nennen. Für Mehrtagestouren bieten Alpenvereinshütten Unterkunft und Verpflegung. Außerdem kann man sich unterwegs bei zahlreichen Sennalpen und Berggasthöfen mit regionalen Genüssen stärken.

Das Land Vorarlberg hat seine Wanderwege einheitlich mit Wegtafeln bestückt und hervorragend markiert. Die Beschreibungen von Alpwanderungen und Gipfeltouren, von Talwegen und pfiffigen Steigen sollen Anregung geben für erlebnisreiche Tage im Montafon. Dazu wünsche ich intensives und unbeschwertes Bergerleben.

Brigitte Schäfer

Unterwegs zwischen grünen Matten und ewigem Eis

Inhalt

Länge (in Kilometern)	Höhenmeter Aufstieg	Höhenmeter Abstieg	Parkplatz	öffentliche Verkehrsmittel	Aufstiegshilfe	Abstiegshilfe	Einkehr am Ausgangsort / unterwegs	Übernachtungsmöglichkeit	Gipfel	Schwindelfreiheit erforderlich	Kinderwagentauglich	Kinderfreundlich	Fahrradtauglich	kulturelle Highlights	für Allergiker geeignet	Bademöglichkeit	mit Panoramablick	Rundtour
14	1030	1030	●	●	●	●	●	–	–	–	–	–	–	–	●	○	●	●
6,75	440	440	●	●	●	●	●	–	●	–	–	●	–	–	●	○	●	●
7,25	450	450	●	●	●	●	●	–	●	–	–	●	–	–	●	–	●	●
12	340	850	●	●	●	–	●	●	–	–	–	●	–	●	○	–	○	●
14,75	850	1560	●	●	●	–	●	●	–	–	–	–	–	–	○	○	●	●
6	780	780	●	●	●	●	●	–	●	●	–	–	–	–	●	–	●	●
6	20	710	●	●	●	–	●	–	–	–	–	●	–	●	–	–	–	●
4,25	90	500	●	●	●	●	●	●	–	–	–	●	–	●	●	–	●	●
7	320	320	●	●	●	●	●	–	–	–	–	●	–	–	●	–	●	●
9,5	110	1510	●	●	●	–	●	●	●	–	–	–	–	–	○	–	●	–
12	990	1780	●	●	●	●	●	●	–	–	–	–	–	–	●	–	●	–
7	490	490	●	●	–	–	–	–	–	–	–	●	–	●	–	–	–	●
11	920	920	●	●	●	●	●	–	●	–	–	–	–	–	●	–	●	●
8	420	140	●	●	●	–	●	–	–	–	–	●	–	–	–	●	●	–
8,75	550	110	●	●	●	●	●	–	●	–	–	●	–	–	–	–	●	–
10,25	740	740	●	●	●	●	●	–	●	–	–	–	–	–	●	–	●	●
6,25	130	650	●	●	●	–	–	–	–	–	●	●	–	●	–	–	–	●
13,75	710	710	●	●	–	–	●	●	–	–	–	–	–	–	●	–	●	●
15	720	720	●	●	–	–	●	●	–	–	–	–	–	–	●	–	●	●
7,75	600	600	●	●	–	–	●	–	–	–	–	●	–	●	–	–	●	●
12	600	1000	●	●	●	–	●	–	●	●	–	–	–	–	–	–	●	–
8	340	340	●	●	●	●	●	–	–	–	–	●	–	●	–	–	●	●
5	260	60	●	●	–	–	–	–	–	–	–	●	–	●	–	–	–	–
16,5	730	730	●	●	●	●	●	–	●	–	–	–	–	–	–	–	●	●
14,5	850	1320	●	●	●	–	●	–	●	–	–	–	–	–	–	–	●	–
8,5	110	810	●	●	●	–	●	–	–	–	–	●	–	–	–	–	●	–
7,75	520	520	●	●	●	●	●	–	–	–	–	–	–	–	●	–	●	●
15,5	940	940	●	●	–	–	●	–	–	–	–	–	–	–	–	–	●	●

● Schwierigkeitsgrad   ● Ja   ○ Bedingt   – Nein

Das Gebiet

Als Montafon wird der obere rund 40 km lange Abschnitt der Ill mit seinen Seitentälern bezeichnet. Der Name Montafon wird vom rätoromanischen mont = Berg und tavun = Tobel abgeleitet. Von St. Anton i. M., über den Hauptort Schruns reihen sich die Talorte entlang der Ill bis nach Partenen. Hier beginnt die Silvretta-Hochalpenstraße. In 32 spektakulären Serpentinen führt sie hinauf zur Bielerhöhe und zum Silvretta-Stausee. Mautstraße und Wasserspeicher gehören den Vorarlberger Illkraftwerken. Die Passhöhe (Bielerhöhe 2037 m) ist gleichzeitig Wasserscheide zwischen Nordsee und Schwarzem Meer und Landesgrenze zwischen Vorarlberg und Tirol

Doch beginnen wir mit dem sanfteren Teil des Montafons. Oberhalb von Schruns breitet sich auf grünen Matten die weit gestreute Bergsiedlung Bartholomäberg aus. Auf einem wahren Sonnenbalkon in Südlage werden dem Wanderer u. a. interessante Themen wie auf dem Geologischen Lehrwanderweg oder dem Bergknappenweg näher gebracht. Auch im größten Seitental des Montafons, dem Silbertal wurde im 14. Jh. Silberbergbau betrieben. Der Name zeugt noch davon, aber auch das Bergbaumuseum im Tal und die von Bergknappen um 1507 errichtete St.-Agatha-Kirche (Knappenkapelle) auf dem Kristberg. Die Litz, ständiger Begleiter im fast 20 km langen Silbertal, mündet bei Tschagguns in die Ill und diese so gestärkt bei Feldkirch in den Rhein.

KOMPASS INFO

Montafoner Sura Kees
Eine Montafoner Spezialität ist der Sauerkäse (Sura Kees), der hier seit dem 12. Jh. hergestellt wird. Dieser geschichtsträchtige Käse wird noch auf 12 Montafoner Sennalpen produziert. Dazu wird beste naturbelassene Milch entrahmt, wodurch immer auch Butter entsteht. Aus der gesäuerten Magermilch entsteht in einem traditionellen Verfahren ein außerordentlich gesunder Käse mit sehr niedrigem Fett- und Cholesteringehalt, jedoch großem Anteil an hochwertigem Eiweiß.

Das Montafon wird durch die drei Gebirgsgruppen Verwall, Rätikon und Silvretta gebildet. In diese hochalpinen Gebiete verzweigt sich das Montafon und eröffnet unzählige Wandermöglichkeiten in allen Schwierigkeitsstufen. Im Nordosten wird das Montafon von der Verwall-Gebirgsgruppe begrenzt. Hier verläuft der großartige Wormser Höhenweg hoch über den Talorten von Schruns bis Partenen – eine weite Panoramatour für Ausdauernde. An der Grenze zu Tirol liegt der Kops-Stausee am Zeinisjoch mit eindrucksvollem Blick auf die Silvretta-Gruppe. Im Südwesten wird das Montafon vom Rätikon begrenzt, einem gewaltigen Felskamm mit steilen Wänden zum Schweizer Süden und sanfter auslaufenden

Lobspitze und Gaflunaspitze.

Seitenkämmen nach Norden. Seitentäler des Montafons, so das Rellstal, Gauertal und Gampadelstal führen zu so markanten und berühmten Gipfeln wie Schesaplana, Drusenfluh, Drei Türme und Sulzfluh. In dieser gewaltigen Bergkulisse verläuft der Rätikon-Höhenweg Nord und grenzüberschreitend auf Schweizer Seite der Rätikon-Höhenweg Süd. Mehrere Übergänge und die Erschließung mit Hütten eröffnen zahlreiche Tourenvarianten.

Ein weiteres bedeutendes Seitental des Montafons ist das Gargellental. Es zieht sich von St. Gallenkirch am Suggadinbach entlang hinauf zum Bergdorf Gargellen am Fuße der Madrisa (2770 m).

Auf jahrhundertealten Saumpfaden über St. Antönier Joch, Gafierjoch und Schlappiner Joch ist grenzenloses Wandern hinüber in die Schweiz möglich. Das Schlappiner Joch gilt außerdem als das Grenzjoch zwischen dem Rätikon und der Silvretta. Mit der stark vergletscherten Silvretta gipfelt das Montafon in einer der berühmtesten Gebirgsgruppen der Zentralalpen. Ihre stolze Parade von Gipfeln und Gletschern begrenzt das Montafon nach Süden und stellt gleichzeitig die Grenze zur Schweiz dar. Hier liegt das Ursprungsgebiet der Ill. Der Hauptfluss des Montafons entspringt dem Ochsentaler- und Vermuntgletscher zu Füßen imposanter Dreitausender mit so bekannten Namen wie Schneeglocke, Silvrettahorn, Egghorn, Signalhorn, Dreiländerspitze und dem mit 3312 m höchsten Berg in ganz Vorarlberg, dem Piz Buin.

KOMPASS INFO

Themenwege im Montafon (Auswahl)

Geologischer Lehrwanderweg (Bartholomäberg)
Aqua-Wanderweg (Tschagguns)
Golmi's Forschungspfad (von der Bergstation Golm zur Mittelstation)
Naturerlebnispfad Kristakopf (Tschagguns-Vandans)
Gargellener Fenster, geologischer Naturlehrpfad (Gargellen)
Wassererlebnisstollen Vermunt (Gaschurn/Partenen)

Orte und Sehenswürdigkeiten

Bartholomäberg (1087 m)
Die älteste Siedlung des Montafons erstreckt sich auf einem herrlichen Sonnenplateau in Südlage oberhalb von Silbertal und Illtal. Aussichtsloge in die Gebirgswelt von Rätikon, Silvretta und Verwall. Erinnerungen an den früheren Eisen- und Silberbergbau im St.-Anna-Stollen und der Bergknappenkapelle St. Agatha auf dem Kristberg. Geologischer Lehrwanderweg mit 24 Infotafeln. Pfarr- und Wallfahrtskirche zum hl. Bartholomäus 1729–1743 im Stil des Barock erbaut. Gotischer St.-Annen-Flügelaltar. Romanisches Vortragekreuz 12. Jh., historische Orgel.
www.bartholomaeberg.at

Gargellen (1423 m)
Am Suggadinbach im Gargellental höchstgelegenes Bergdorf des Montafons mit imposanter Kulisse der Madrisa (2770 m). Hochalpiner Talschluss mit Übergängen auf alten Saumpfaden in die Schweiz. Kleine spätbarocke Pfarrkirche zur hl. Magdalena mit Zwiebelturm. Talstation der Schafbergbahn.
www.gargellen.at

Gaschurn (979 m)
Breitet sich an beiden Seiten der Ill aus. Schöne, alte Montafoner Häuser. In der kunsthistorisch wertvollen Kapelle Maria Schnee, 1637 von Lukas Tschofen gestiftet, barocke Fresken, ein frühbarocker Altar mit Rosenkranzmadonna und gemalten Rosenkranzmedaillons (1640). Montafoner Tourismusmuseum in altem Montafoner Haus mit liebevoll dokumentierter Geschichte des Tourismus im Tal aus dem vorletzten Jahrhundert. Talstation der Versettla-Gondelbahn in 2 Sektionen.
www.gaschurn-partenen.com

Gortipohl (906 m)
Kleines Dorf an der Ill mit typischen Montafoner Häusern aus dem 17./18. Jh. Kuratie-Kirche zum hl. St. Nikolaus, Orgel aus dem 17. Jh.
www.stgallenkirch.at

Partenen (1051 m)
Oberste Siedlung im Montafon am Fuße des Verwallgebirges im Norden und der Silvretta im Süden. Europas längste gerade Treppe (4000 Stufen, 700 Hm). Technikmuseum „Alte Sperrkammer". Interessantes über die Nutzung der Wasserkraft im Hochgebirge und den ehem. Transportstollen Trominier im Wassererlebnisstollen Vermunt. Kleine Barockkirche zum hl. Martin aus dem 18. Jh. mit volkstümlicher spätbarocker Ausstattung. Am Ortsende von Partenen beginnt die mautpflichtige Silvretta-Hochalpenstraße. Talstation der Vermunt- und der Tafamuntbahn.
www.gaschurn-partenen.com

Barockkirche zum hl. Martin in Partenen.

Schruns-Tschagguns (690 m)
Beide Orte werden in einem Atemzug genannt und bilden touristisch eine Einheit. Schruns ist der Hauptort des Montafons und liegt am rechten Ufer der Ill an der Mündung des aus dem Silbertal fließenden Litzbaches. Schöne Litzpromenade entlang des rechten und linken Ufers der Litz. Pfarrkirche zum hl. Jodok, im neuromanischen Stil 1865 anstelle der früheren Barockkirche errichtet. Das Montafoner Heimatmuseum im ehemaligen Bergrichterhaus am Kirchplatz informiert über die Lebensweise der Montafoner. Talstation der Hochjochbahn in 2 Sektionen zur Kapellalpe und Doppelsesselbahn zum Sennigrat. Tschagguns am linken Illufer liegt an der Einmündung des Gauertales zu Füßen des Rätikon. In der Pfarr- und Wallfahrtskirche Unsere Liebe Frau Mariä Geburt (ursprünglich 1452–1454) findet man durch verschiedene Umbauten Elemente der Gotik, des Barock und der Neurenaissance. Vom Ortsteil Latschau 2. und 3. Teilstrecke der Golmerbahn.
www.schruns-tschagguns.at

Silbertal (889 m)
Die Gemeinde liegt im idyllischen Silbertal, dem längsten Seitental des Montafons. In einem großen Bogen zieht sich das Tal an der Litz in die Gebirgsgruppe des Verwall hinauf. Die Namen des Tales und des Bergdorfes erinnern daran, dass hier bis vor 500 Jahren Silber abgebaut wurde. Mehr darüber im Montafoner Bergbaumuseum Silbertal. Talstation der Kristbergbahn. Auf dem Kristberg die Bergknappenkapelle St. Agatha. Die 1507 von verunglückten, aber geretteten Bergknappen gestiftete Kapelle ist das älteste, original erhaltene Gotteshaus im Montafon. Zahlreiche schöne Wandermöglichkeiten am sonnigen Kristberg, aber auch im Talgrund der Litz und in die Verwallgruppe.
www.silbertal.at

St. Anton i. M. (652 m)
Am Eingang des Montafons genießt die kleine Gemeinde eine wald- und wiesenreiche Umgebung in sonniger Südlage. Die Pfarrkirche St. Antonius Eremit, ursprüngliche Einsiedlerklause und 1375 gestiftete Kapelle wurde 1791 erweitert und vor wenigen Jahren renoviert. Auwege an der Ill und Bergknappenweg von St. Anton zum Bartholomäberg und Kristberg.
www.sankt-anton-im-montafon.at

St. Gallenkirch (878 m)
Zwischen den Gebirgsgruppen Verwall im Nordosten, Silvretta im Süden und Rätikon im Westen breitet sich St. Gallenkirch auf sonnigen Südhängen im Tal der Ill aus. Ausgangsort für Wandertouren in die drei Hochgebirgsgruppen. Aus dem Rätikon zieht das Gargellental mit dem Suggadinbach hinunter nach St. Gallenkirch. Zahlreiche alte Montafoner Häuser. Ursprünglich (1474) gotische, 1725 barockisierte Pfarrkirche zum hl. Gallus, drei Rokokoaltäre, Freskenzyklus. Talstation Gafrescha-Sessellift.
www.stgallenkirch.at

Vandans (648 m)
Das Gebirgsdorf breitet sich im Talgrund der Ill aus und wurde mehrfach für seinen üppigen Blumenschmuck ausgezeichnet. Barocke Pfarrkirche in Zwischenbach. Wallfahrtskapelle „Venser Bild“ von 1613 mit einem berühmten, geschnitzten Hochrelief. Das in Vandans ins Haupttal Montafon einmündende Rellstal ermöglicht den direkten Zugang in die bizarre Gipfelwelt des Rätikon mit großer Tourenauswahl.
www.vadans.net

Alpenvereinshütten

Hütte	Hm	Tel. Hütte/mobil	Ort	Tour
Gauertal-Haus (NF)	1250 m	+43(0)5556/73109	Tschagguns-Latschau	4
Haus Matschwitz (DAV)	1502 m	+43(0)5556/73700	Tschagguns-Latschau	4
Lindauer Hütte (DAV)	1744 m	+43(0)664/5033456	Tschagguns-Latschau	4
Madlenerhaus (DAV)	1986 m	+43(0)664/2834453 +43(0)5558/4234	Bieler Höhe	18
Neue Heilbronner Hütte (DAV)	2320 m	+43/664/1804277	Partenen-Kops	11
Saarbrücker Hütte (DAV)	2538 m	Tal: +43(0)5447/5937 Hütte: +43(0)5558/4235	Bieler Höhe	18
Tilisunahütte (OeAV)	2211 m	Tal: +43(0)5556/75185 Hütte: +43/(0)664/1107969	Tschagguns-Grabs	5
Tübinger Hütte (DAV)	2191 m	+43(0)664/2530450	Gaschurn	
Wormser Hütte (DAV)	2305 m	+43(0)664/1320325	Schruns	8, 10, 11
Wiesbadener Hütte (DAV)	2443 m	Tal: +43(0)5443/20039 Hütte: +43(0)5558/4233	Bieler Höhe	19

OeAV = Österreichischer Alpenverein;
DAV = Deutscher Alpenverein
SAC = Schweizerischer Alpen Club ,
NF = Naturfreunde Vorarlberg

Bergbahnen

Schafbergbahn	Gargellen	1435 m	2130 m	26, 27
Silvretta-Nova/Versettlabahn 1	Gaschurn	963 m	1480 m	17
Versettlabahn 2		1480 m	2010 m	15, 16
Vermuntbahn	Partenen	1030 m	1730 m	
Tafamuntbahn	Partenen	1051 m	1550 m	11, 13, 14
Hochjochbahn 1. Sektion	Schruns	690 m	1375 m	7
2. Sektion		1375 m	1874 m	8, 9, 10, 11
Doppelsesselbahn Sennigrat	Schruns	1874 m	2280 m	8, 10, 11
Kristbergbahn	Silbertal	889 m	1443 m	22, 24
Garfrescha Doppelsessellift	St. Gallenkirch	878 m	1478 m	15
Golmerbahn Teilstrecke 2	Tschagguns-	1000 m	1515 m	4
Teilstrecke 3	Latschau	1515 m	1890 m	2, 3

Die Betriebszeiten können witterungsbedingt nicht verlässlich angegeben werden. Info-Broschüren über die „Sommerbergbahnen" sind kostenlos in den Tourismusbüros und bei den Bergbahnen erhältlich. Infos auch unter *www.sommerbergbahnen.at*

Berggasthöfe

Hütte	Tel.	Ort	Tour
Alpengasthof Rellstal	+43(0)5556/74176	Vandans	1
Alpengasthof Zeinisjochhaus	+43(0)5443/8233	Partenen	14
Alpenhof Garfrescha	+43(0)5557/20009	St. Gallenkirch	15
Alpstöbli, Bergstation Tafamuntbahn	+43(0)664/9050670	Partenen	11, 13, 14
Berggasthaus Kropfen	+43(0)5556/72065 +43/664/306045	Schruns	7
Berggasthof Grabs	+43(0)5556/72584	Tschagguns	5, 6
Berghof Golm	+43(0)5556/77111	Tschagguns	2, 3
Bergrestaurant Kapellalpe	+43(0)5556/72126-321	Schruns	8, 9
Brunellawirt	+43(0)5557/22210	St. Gallenkirch	15
Gasthaus Fellimännle	+43(0)5556/72655-0	Silbertal	25
Gasthof Rellseck	+43(0)5556/73117-0	Bartholomäberg	20, 21
Jausenstation Bitschweil	+43(0)5556/75259	Tschagguns	
Kesslhütte	+43(0)664/3084302	Gargellen	26
Knappastoba	+43(0)5556/72480	Silbertal	22, 24
Nova-Stoba, Bergstation Versettlabahn	+43(0)5557/63000	Gaschurn	15, 6
Obwaldhütte	+43(0)664/1340257	Gargellen	26
Panoramagasthof Kristberg	+43(0)5556/72290	Silbertal	22, 24
Restaurant Sonnenkopfbahn	+43(0)5582/292-0	Silbertal	24
Schafberghüsli	+43(0)5557/6310400	Gargellen	26, 27

Montafon Tourismus, Montafoner Str. 21, A-6780 Schruns
Tel. +43(0)5556/722530, Fax. +43(0)5556/74856
info@montafon.at; www.montafon.at

Saarbrücker Hütte.

Unsere schönsten Touren

Legende

Kilometerangabe

Höhenmeter (Auf- und Abstieg)

Gehzeit

Für Kinder geeignet

Einkehrmöglichkeit

Bergbahn/Gondel

Sessellift

Wichtige Information

KOMPASS Highlight

Kartenlegende auf den Umschlagklappen

Die unterschiedlichen Gebirgsgruppen im Montafon bieten abwechslungsreiche Höhepunkte.

Verwall: Besonders lohnende Gipfeltouren führen auf die Versalspitze (Tour 13), den Itonskopf (Tour 21) und das Muttjöchle (Tour 24).

Rätikon: Als Top-Tagestouren empfehlen sich die Rundwanderung vom Rellstal zum Lünersee (Tour 1) und der Schmugglerpfad von Gargellen (Tour 27).

Silvretta: Mit spektakulären Ausblicken auf vergletscherte Dreitausender ist man auf dem Versettlaweg (Tour 16), zur Wiesbadener Hütte (Tour 19) und zur Saarbrücker Hütte (Tour 18) unterwegs.

Als 2-Tagestour bietet der Wormser Höhenweg (Tour 11) unvergessliche Erlebnisse für Ausdauernde.

Schwierigkeitsbewertung

Blau

Leichte Wanderungen mit geringen Höhendifferenzen und einer maximalen Gehzeit von 3 Std. Die Wege sind gut beschildert und auch mit Kindern gefahrlos zu begehen.

Rot

Touren für geübte Bergwanderer. Größere Auf- und Abstiege und Wanderzeiten bis zu 7 Std. Kondition, Trittsicherheit, Orientierungssinn und Wetterbeobachtungen sind nötig.

Schwarz

Anspruchsvolle Bergtouren. Erhebliche Höhendifferenzen und Wanderzeiten von teilweise mehr als 7 Std. erfordern eine gute Kondition. Teilweise felsiges Gelände, steile Wege, schmale Grate oder ausgesetzte Passagen setzen alpine Erfahrung, Orientierungssinn und Trittsicherheit voraus. Diese Touren bitte nur bei stabiler Wetterlage ausführen

1. Vom Rellstal zum Lünersee

Hohe Erlebnisse im Rätikon

Ausgangspunkt: Vandans (Bushaltestelle, Bahnstation und Parkplatz), 648 m / Endstation Wanderbus im Rellstal (1470 m)
Charakter: Lange Hochgebirgstour auf sicheren Wegen. Durchgehend gut markiert. Ausdauer erforderlich, da jeweils 1000 Höhenmeter Auf- und Abstieg. Vielfältige Alpenflora | **Einkehr:** Alpengasthof Rellstal, Alpe Lün | **Karten:** KOMPASS Nr. 32, 292

Mittel | 14 km | 1030 hm / 1030 hm | 6 Std.

Diese Hochgebirgstour spart wirklich nicht mit landschaftlichen Reizen und führt besonders im Frühsommer durch einen blühenden Alpengarten. Damit genügend Zeit zum Genießen bleibt, empfiehlt es sich, morgens früh mit dem ersten Wanderbus ins **Rellstal** zu fahren.

Bei der Rellskapelle beginnt der gemächliche Aufstieg am Zaluandabach entlang auf breitem Alpweg zur **Unteren** und **Oberen Zaluandaalpe**. Hat man erst einmal das laute Gebimmel des Alpviehs hinter sich gelassen, bleiben als einzige Geräuschkulisse das Plätschern des jungen Zaluandabaches und ab und zu der schrille Pfiff eines Murmeltieres. Bei der Oberen Zaluandaalpe haben wir den Alpweg verlassen und wandern nun auf bunt blühenden Bergmatten dem Schweizertor entgegen. Kleine Seenaugen am Weg beleben das Bild. Das **Schweizertor** ist ein weiter Einschnitt zwischen den gigantischen Kalkwänden der Drusenfluh und den bizarren Kirchlispitzen. Es bildet einen der Übergänge vom Rätikon-Höhenweg Nord zum Rätikon-Höhenweg Süd und ist ein Aussichtspunkt par excellence. Die Zollwachhütte markiert die Grenze zwischen Österreich und der Schweiz.

Auf dem Rätikon-Höhenweg Nord wandern wir nach rechts, an den teilweise senkrechten Abbrüchen der Kirchlispitzen entlang zum **Verajoch** hinauf. Hier angekommen zeigt sich erstmals die als Königin des Rätikon bezeichnete Schesaplana. Zwischen dem Wanderweg und den Kirchlispitzen murmelt der junge Verabach. Gemeinsam erreichen wir durch eine prächtige Alpenflora bergab den **Lünersee**. Kurz vor Erreichen des Sees weist eine Wegtafel zur Lünerkrinne nach rechts. Dem Lünerseerundweg folgend zweigt nach etwa 30 Minuten der Aufstieg zur **Lünerkrinne** rechts ab. Beim Durchstieg der kleinen Scharte lassen wir Lünersee und Schesaplana hinter

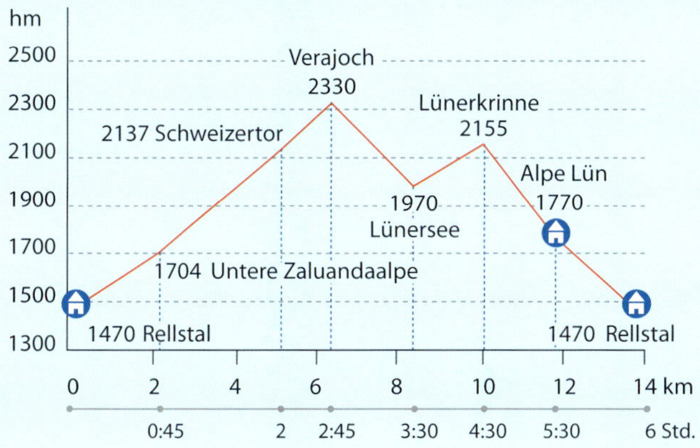

uns. Dafür zeigt sich erstmals die Zimba, die als das Matterhorn des Montafons gilt.

Zunächst geht es steil und steinig hinunter, bis man nach ca. 15 Min. die Wahl zwischen zwei Abstiegen hat. Wir entscheiden uns für den Mässbödaweg, der mit schönen Ausblicken auf Saulakopf und Zimba über Alpweiden zur **Alpe Lün** führt. Die Kehren des folgenden Alpweges können bald auf Wiesensteigen abgeschnitten werden. Beim **Alpengasthof Rellstal** angekommen, lässt sich die Zeit bis zur Rückfahrt mit dem Wanderbus angenehm verkürzen.

Schweizertor mit Drusenfluh.

Brandner Mittagspitze
Mottakopf
Mottakopfsteig
Untere
Sonnenlagantalpe
Untere
Schattenlagantalpe
FESP-
Weitwanderweg
Rätikon-Höhenweg
Nord
Kesselfall
Jhtt. Fluralpe
1638
Saulakopf
Saula-
Klettersteig
Saulajoch
2065
Gipsköpfle
1975
Nördl. Schafgafall
2393
Südl. Schafgafall
2414
Alpin-
Live-
steig
Böser-Tritt-
Steig
1483
Schattenlaganthütte
1566
Lünerseebahn
(nur Sommerbetrieb)
Böser Tritt
Zollwachehütte
1980
Douglashütte
Seekopf
2698
Zirmenkopf
2806
Totalpsee
(2318)
2381
Totalphütte
Lünersee
(1970)
Lünerkrinne
Zaluandakopf
2437
Roßberg
2466
2452
2000
Lünerseealpe
Umbrometer
Totalpköpfe
2556
2383
Gamslucken
Kanzelköpfe
2437
Kanzeljoch
2410
Zollwachhütte
Verajoch
2330
Kirchlispitzen
2551
2540
2428
Gafalljoch
(Cavelljoch)
2239
Lüneregg
2297
2129
2052
Rätikon-Höhenweg Süd
Golrosa
2128
1990
2263
Vals
Pardutzbe
1909
Hinter-Cavell
2027
Vorderer-Cavell
Hochsagettis
Sagettis
2285
2278
Fadurer Fürggli
2188
Girenspitz
2394
Lägend-
2021
Böden
2107
2122
Schafbüel
2024
Obersäss
Vordertamunt
Hintertam
2105
2176
1843
1342
Obere-
(verf.)
Gletscherbach
Kanzlatäli
2517
2557
Fluralpe
Seetal
02
Cavellbach

START
Neyerscharte-Klettersteig
Heinrich-Hueter-Hütte 1766
Vilifaualpe
Voralpe Vilifau
Rellhüsli
Voralpe Ruggel 1420
Fahrenalpe 1628
1991
Rellsbach
Goldener Bach
Schattenwald
Rellstal
Gaueu
1119
M1, M2
Tschöppaalpe
Alpengasthof Rellstal
1490
Lünerseebahn
1776 Platzisalpe
1736
Äußere Golmalpe
Grüneck 1890
Grüneck
Berghof
Alpe Lün
Zaluandabach
1517
schutzgebiet
Golm
Platziser Joch
2124 Golmer Joch
Golmer Höhenweg
Latschätzer Höhenweg
chluakopf
2314
Konglomeratfelsen (Gufelstein)
Untere-Zaluandaalpe 1704
Kreuzjoch 2261
2219 Latschätzkopf
1625
Wachters
Hätaberger Joch 2154
Ronnawald
Obere Zaluandaalpe 1824
Latschätzalpe 1733
Wilder Mann 2291
Kleine Zerneu
2334 Geißspitze
Kreuzspitze
Kleine Zerneu 2353
Geißspitzsteig
Untere Sporaalpe 1531
Kessikopf 2345
Zollhütte Vandans
Große Zerneu
Zerneuer Kopf
02
Zerneuer Jöchle 2191 2353
2137
Öfakopf 2374
Rätikon-HW Nord
2291 Öfapaß
Sporentobel
Alpengarten
Porzalengawald
Gelbes Eck
Obere Sporaalpe 1739
Lindauer Hütte 1744
2628
2103 Tiergarten
Gamsfreiheit 2445
Imhofsattel 2827
Drusenfluh
Sporaturm 2489
2102
Heidbüelganda
Eisjöchle
Auf den Bä
2638
2830 Drei Türme
Klettersteig

2. Golmer Seenweg

Wasser und wechselnde Aussichten

Ausgangspunkt: Tschagguns-Latschau (Bushaltestelle und Parkplatz bei der Talstation der Golmerbahn), 1000 m | **Charakter:** Nahezu ausschließlich auf schmalen Bergpfaden. Bis zum Kreuzjoch wenig begangen, danach auf beliebtem Höhenweg. Auf der Rundtour besteht keine Einkehrmöglichkeit. Traumplätze bieten sich für ein Picknick an. Im Frühsommer reiche Alpenrosenblüte
Einkehr: Berghof Golm | **Karten:** KOMPASS Nr. 32, 292

Mittel | 6,75 km | 440 hm 440 hm | 3 Std.

Am Golm findet man im Winter wie auch im Sommer ein attraktives Betätigungsfeld.

Entgegen dem Uhrzeigersinn verläuft die Tour zunächst auf unausgetretenen Pfaden bis zum Kreuzjoch, einem Wanderknotenpunkt. Zwischen Rellstal und Gauertal, zwischen Schweizertor und Drusentor ist die kalkhelle Gebirgsgruppe des Rätikon besonderer Anziehungspunkt.

Während die meisten Wanderer ab der **Bergstation** der **Golmerbahn** auf direktem Weg dem aussichtsreichen Golmer Joch zustreben, entscheiden wir uns für den nach rechts abbiegenden Pfad zur Außergolmalpe. Der beschauliche, ausreichend weiß-rot-weiß markierte Steig gewinnt leicht an Höhe, bevor er sich eine abschüssige Bergflanke querend zum Standort „**Außergolm Täli**" absenkt. Der Blick fällt auf die Hütten der Platzisalpe und die dahinter steil aufstrebende Pyramide der Zimba. Dazwischen hat der Rellsbach das nach ihm benannte Tal geformt.

Wir lassen die Außergolmalpe rechts liegen und folgen nun dem so genannten Golmer Seenweg Richtung Südwesten. Durch ausgedehnte Alpenrosenfelder und an kleinen Bergbächen entlang steigt dieser zunächst sanft, später kräftiger an. Für Abwechslung sorgen mehrere Bergseen. Vom höchstgelegenen und gleichzeitig größten ist es nicht mehr weit zum Platziser Joch. Im Westen grüßt die imposante Schesaplana mit ihren Firnfeldern, während tief unten die Zaluandaalpen liegen und der gut erkennbare Wanderweg dem Schweizertor entgegenstrebt (Tour Nr. 1).

Der Kammweg ab Platziser Joch verwöhnt das Auge mit spektakulärem Blick zu den bizarren Drei

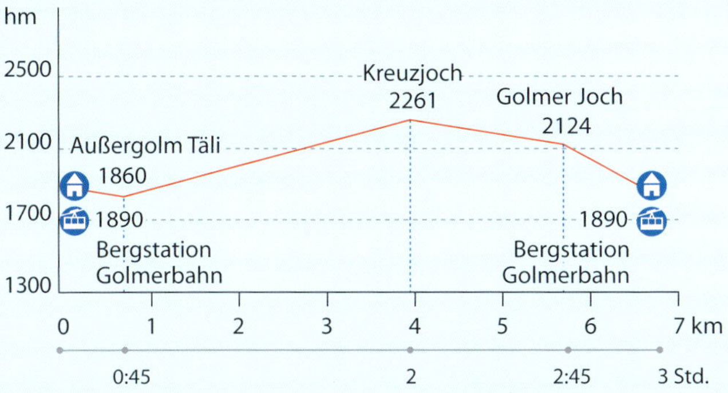

Türmen und der massigen Drusenfluh. Am **Kreuzjoch** angekommen, gesellt sich die Sulzfluh mit Weißplatte dazu – allesamt helle Kalkriesen des Rätikon. Vom Kreuzjoch führt der nun als Golmer Höhenweg bezeichnete Panoramapfad mit leichten Auf- und Abstiegen über **Latschätzkopf** und **Golmer Joch** zur **Bergstation Golm** zurück – das schöne Gauertal, den Ort Schruns, das Hochjoch und die sonnigen Höhen von Bartholomäberg dabei stets im Blick.

Drei Türme und Drusenfluh.

Zimbajoch
Neyerscharte-Klettersteig
Heinrich-Hueter-Hütte 1766
Voralpe Vilifau
Vilifaualpe
Voralpe Ruggel 1420
Rellhüsli
Rellsbach
Schattenwald
Zollwachhütte
1490
Alpengasthof Rellstal
1776 Platzisalpe
Gipsköpfle
1975
1770
Alpe Lün
Zaluandabach
1517
Golm
Platziser Joch
2124
Golmer Joch
Golmer Höhenweg
Freschluakopf
2314
Konglomeratfelsen (Gufelstein)
Untere-Zaluandaalpe 1704
Kreuzjoch 2261
2219
Latschätzkopf
Hätaberger Joch 2154
Obere Zaluandaalpe 1824
Wilder Mann
2291
Kleine Zerneu
Alpa Vera
Kreuzspitze
2334
Geißspitze
Kleine Zerneu 2353
Kessikopf 2345
Zollhütte Vandans
Große Zerneu
Zerneuer Kopf
Geißspitz steig
Schweizer Tor
2137
Zerneuer Jöchle
2191
2353
Öfakopf 2374
Rätikon-HW Nord
Alpengarten
2291 Öfapaß
Sporentobel
Gelbes Eck
Obere Sporaalpe 1739
Lindauer 1744
Pardutzbödeli
1909
2628
2103 Tiergarten
2031
Gamsfreiheit
Imhofsattel
2827
2445
Pardutz
Drusenfluh
Sporaturm
2489
Eisjöchle
Hintertamunt
Heidbüelganda
Heidbüel
2638
2830
Drei Türme
KOMPASS
0 500 m

Klettergarten Wiesengrund
Kaltenbrunn
Innerbach
Rodund
Rodundwerk II
Rodundwerk I
Mansaura-Kapelle
Golmerbahn
Gletscherschliff
Montafoner Bahn
Krankenha
Ganeu
Mularietsch
Krista
Kristakopf
Tschagguns
Landschisott
M1, M2, M3
Schandang
Lünersee
Naturerlebnispfad
Latschau
Gant
Lünerseewerk
Aulatschbach
Haus Matschwitz
Matschwitz
Monta-bella
Rasafeibach
Innere Golmalpe
START
Grüneck
Berghof Golm
Golm
Aqua-Weg
Volspora
Grabs
Plazadels
Gauertalhütte
Gauen
Sanüel
Hochegga
Schwefelquelle
Lederquelle
Wachters Diela
Ronnawald
Alpilaalpe
verfallen
Wild-Ruhegebiet im Winter
Tobelalpe
Auf dem Tobel
Tschaggunser Mittagspitze
Gampadelsbach
Tobelsee
Walser Alpjoch
Bilkentobel
Schwarzhornsattel (Jöchli)
Walseralpe
Walserbach
Stausee Fischkalter
Bilkengrat
Rätikonhöhenweg-Nord
Schwarzhorn
Schwarze Scharte
Schwarze Erd
Seeweg
Verspala
Tilisuna-see
Tilisuna Seehorn
Tilisunahütte
Auf den Bänken
Grünes
Ombrometer

3. Golmer und Latschätzer Höhenweg

Panoramarunde im Angesicht des Rätikon

Ausgangspunkt: Tschagguns-Latschau (Bushaltestelle und Parkplatz bei der Talstation Golmerbahn), 1000 m | **Charakter:** Aussichtsreiche Rundtour in imponierender Nähe der Paradeberge des Rätikon. Leichte Auf- und Abstiege auf gut markierten Bergpfaden. Reiche Alpenflora, besonders schön zur Alpenrosenblüte
Einkehr: Berghof Golm | **Karten:** KOMPASS Nr. 32, 292

Mittel | 7,25 km | 450 hm 450 hm | 3:15 Std.

Die **Golmerbahn** bringt uns bequem auf 1890 m. Dadurch bleibt auf der Rundwanderung genügend Zeit, die großartige Landschaft und reichhaltige Alpenflora zu genießen.

Von der **Bergstation** führt zunächst ein Schotterweg bergan zum **Golmer Joch** mit Gipfelkreuz. Bald hat man die Skilifte hinter sich gelassen und wandert auf dem Kamm durch Alpenrosenhänge mit leichten Auf- und Abstiegen über den **Latschätzkopf** bis zum **Kreuzjoch**. Der Golmer Höhenweg begeistert durch die Nähe zu den Traumbergen des Rätikon. Die eleganten Drei Türme recken sich dolomitengleich in den Himmel, flankiert von den wuchtigen Kalkstöcken Sulzfluh und Drusenfluh. Richtung Westen schließen sich die bizarren Kirchlispitzen an, gefolgt von der imponierenden Schesaplana als der höchsten Erhebung des Rätikon und der steilen Pyramide der Zimba. Nachdem man den Rundumblick vom Kreuzjoch auf die unzähligen Gipfel in alle Himmelsrichtungen ausgiebig bewundert hat, leitet ein kurzer, steiler Steig bergab zu einer Abzweigung.

Hier beginnt nach links der Abstieg über grün-bunte Blumenmatten Richtung Latschätzalpe. Begleitet von den schrillen Pfiffen zahlreicher Murmeltiere, vorbei an leuchtend roten Alpenrosenfeldern, führt der Golmer Höhenweg be-

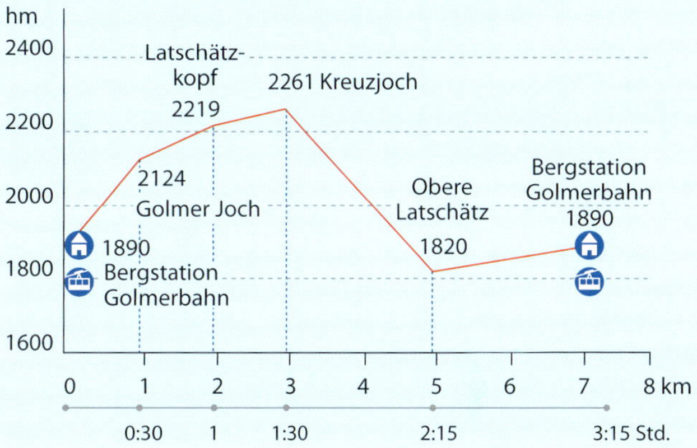

quem über einen Wiesenpfad bergab in einen weiten grünen Kessel, über dem das Gipfelkreuz der Geißspitze in den Himmel ragt. Oberhalb der **Latschätzalpe** verzweigt sich der Weg. Wir wählen den nach links führenden Latschätzer Höhenweg, der sich weiterhin aussichtsreich in sanftem Auf und Ab bis zur Bergstation zieht. Tief unten regt das wundervolle Gauertal zu weiteren Wanderungen an. Gegenüber ziehen die himmelstrebenden Gipfel von Schwarzhorn und Tschaggunser Mittagsspitze die Aufmerksamkeit auf sich.

Golmer Höhenweg mit Sulzfluh und Drei Türme; Bild links: Altes Schulhüsli in Latschau.

Steintälikopf
2443
Zimba
2643
Zimbajoch
Zieschalpe
1701
Fahrenalpe
1628
1991
Neyerscharte-
Klettersteig
Kanzlatäli
Voralpe Ruggel
1420
Rellhüsli
Rellsbach
Heinrich-Hueter-Hütte
1766
Saula-
Klettersteig
Voralpe Vilifau
Vilifaualpe
Zollwachhütte
1490
Schattenwald
Alpengasthof
Rellstal
1776
Platzisalpe
Gipsköpfle
1975
1770
Alpe Lün
Zaluandabach
1517
Naturschutzgebiet
Golm
Platziser Joch
Freschluakopf
2314
Konglomeratfelsen
(Gufelstein)
Untere-
Zaluandaalpe
1704
Kreuzjoch
2261
2219
Latschätzkopf
Golmer Höhenweg
Zaluandakopf
2437
Hätaberger Joch
2154
Obere
Zaluandaalpe
1824
Wilder Mann
2291
2466
Kleine Zerneu
2334
Geißspitze
Alpa Vera
Verajoch
2330
Kreuzspitze
Kleine
Zerneu
2353
Geißspitz-
steig
Kessikopf
2345
Große Zerneu
Zerneuer Kopf
Schweizer Tor
2137
2551
2428
Zerneuer Jöchle
2191
2353
Öfakopf
2374
Rätikon-HW
Nord
2105
2291
Ofapaß
Sporentobel
2046
Gelbes Eck
Obere Sporaalpe
1739
Pardutzbödele
1909
2628
2103
Tiergarten
Gamsfreiheit
2031
2445
Imhofsattel
2827
Drusenfluh
Pardutz
Sporaturm
KOMPASS
0
500 m

Vandans
648
Buxwald
Barth
Zwischenbach
Diel
Mazutt
Fritzendobel
Berger
Bellsbach
640
Gantschier
M2, M3
Klettergarten
Wiesengrund
Kaltenbrun
770
Innerbach
Golmerbahn
Rodund
Rodundwerk II
Rodundwerk I
Montafoner Bahn
Mansaura-
Kapelle
Gletscherschliff
650
1119
Krankenh
Ganeu
1006
Mulanetsch
Krista
Kristakopf
1076
Tschagguns
687
M1, M2, M3
Landschisott
Naturerlebnispfad
Schandang
Lüner-
see
985
Latschau
854
Gant
Aulatschbach
Tschöppaalpe
Lünerseewerk
983
M1
Rasafeibach
1736
Haus
Mätschwitz
1502
Monta-
bella
1110
Mühli
Ferdi
Ziegerbe
Innere
Golmalpe
Matschwitz
Äußere
Golmalpe
Grüneck
1890
Golmerbahn
Grüneck
Golm
02 (Var.)
Aqua-Weg
Volspora
1207
Grabs
START
Berghof Golm
1732
Joch
1393
Grabs
1393
Plazadels
Gauertalhütte
Gauen
1222
Sanüel
Hochegga
Schwefel-
quelle
Rätschätzer Höhenweg
1625
Wachters Dieja
Lederquelle
1301
1733
Ronnawald
Alpilaalpe
verfallen
Rätschätzalpe
733
Wild-Ruhegebiet
im Winter
1686
2168
Tschaggunser
Mittagspitze
Tobelalpe
Gampadelsbach
1363
Auf dem Tobel
02
(Var.)
Sporaalpe
1531
Tobelsee
Walser Alpjoch
Bilkentobel
2166
Schwarzhornsattel
(Jöchli)
Walseralpe
1728
1572
Walserbach
Stausee
Fischkalter
Porzalengawald
02
Bilkengrat
1684
2460
Schwarzhorn
Schwarze Scharte
Rätikonhöhenweg Nord
Schwarze
Erd
Seeweg
Verspala
2103

4. Lindauer Hütte, 1744 m

Talschluss im Gauertal am Fuße der Drei Türme

Ausgangspunkt: Tschagguns-Latschau (Bushaltestelle und Parkplatz bei der Talstation Golmerbahn), 1000 m | **Charakter:** Unschwierige Höhenwanderung mit Abstieg durch das schöne Gauertal vorwiegend auf Alpwegen | **Einkehr:** Haus Matschwitz, Lindauer Hütte, Latschätzalpe, Obere- und Untere Sporaalpe (Milch und Käse je nach Jahreszeit), Gauertalhaus | **Karten:** KOMPASS Nr. 32, 292

Mittel | 12 km | 340 hm 850 hm | 5 Std.

Das **Haus Matschwitz** (DAV) an der Mittelstation der Golmerbahn ist Ausgangspunkt der Wanderung. Wir wenden uns hier nach links und kommen an der kleinen Kapelle und den Häusern der alten Tschaggunser Maisäßsiedlung Matschwitz vorbei. Älpler trifft man hier jedoch nur noch wenige, die meisten Hütten werden inzwischen als Ferienhäuser genutzt.

Der Wanderweg bringt uns bald nach **Plazadels** mit teilweise 200 Jahre alten Maisäßhütten und Ausblicken auf den faszinierenden Talschluss mit Drei Türmen und Sulzfluh. Wenig später sind die Hütten von Wachters Dieja erreicht. Der Name Dieja ist die rätoromanische Bezeichnung für Maisäß und weist noch auf die ersten Besiedler des Montafons hin. 15 Min. später zweigt der breite Forstweg durch den Ronnawald rechts hinauf zur bewirtschafteten **Latschätzalpe**. Hier wird neben Butter und Bergkäse der traditionelle Montafoner Sura Kees hergestellt. Ab der Sennalpe wandern wir kurz ansteigend über bunte Bergwiesen an den östlichen Abhängen der Geißspitze entlang. Nach leichtem Auf und Ab mit Blick auf Tschaggunser Mittagsspitze und Schwarzhorn folgt schließlich der Abstieg ins Gauertal zur **Lindauer Hütte** am Fuße der Drei Türme.

Die Alpenvereinshütte liegt am Scheitelpunkt des Rätikon-Höhenweges Nord und Süd. Beide Weitwanderwege verbindet das Drusentor, ein mächtiger Einschnitt zwischen Sulzfluh und den eleganten Drei Türmen. Bei der Lindauer Hütte kann man außer rasten auch den auf 3000 m^2 angelegten einzigen Alpengarten Vorarlbergs anschauen. Für den Abstieg durch das schöne Gauertal wählen wir den gut markier-

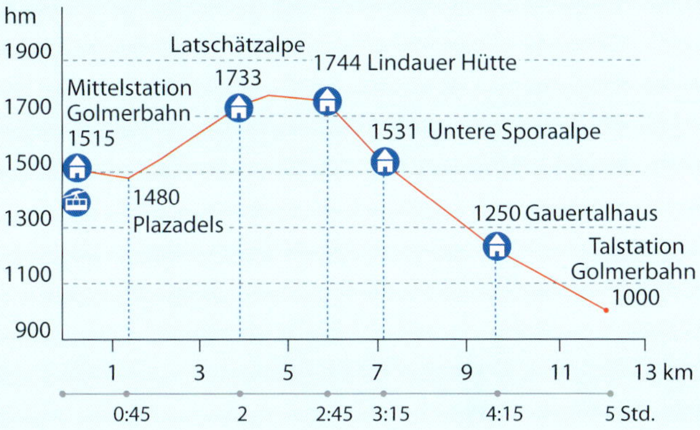

ten Weg über die Untere Sporaalpe. Das Alpvieh ist von Mitte Juni bis Mitte Juli und dann wieder ab Ende August auf dieser Voralpe, dazwischen ziehen die Sennen mit Kühen, Pferden und Ziegen auf die Obere Sporaalpe. Vor Ort wird die Milch zu Butter und Sura Kees verarbeitet. Das schäumende Wasser, das uns im Gauertal talauswärts begleitet, ist der Rasafeibach. An den Ferienhäusern von Gauen und dem Gauertalhaus vorbei erreichen wir die ersten Häuser von Latschau und am Staubecken die **Talstation der Golmerbahn**.

Blick von Matschwitz auf Tschaggunser Mittagsspitze und Schwarzhorn.

Fahrenalpe
1628
Mazutt
1991
Neyerscharte-Klettersteig
N
Voralpe Ruggel
1420
Rellhüsli
Rellsbach
Heinrich-Hueter-Hütte
1766
Voralpe Vilifau
Vilifaualpe
R e l l s
1119
Ganeu
M1, M2, M3
Goldener Bach
1467
Zollwachhütte
1490
Alpengasthof Rellstal
Schattenwald
Tschöppaalpe
1776
Platzisalpe
1736
Alpe Lün
1517
Zaluandabach
Äußere Golmalpe
Grüneck
1890
Grüneck
Berghof
schutzgebiet
G o l m
Platziser Joch
2124
Golmer Joch
Golmer Höhenweg
Latschätzer Höhenweg
hluakopf
2314
Konglomeratfelsen (Gufelstein)
Untere-Zaluandaalpe
1704
Kreuzjoch
2261
2219
Latschätzkopf
1625
Wachters
Ronnawald
Hätaberger Joch
2154
Obere Zaluandaalpe
1824
Latschätzalpe
1733
Wilder Mann
2291
Kleine Zerneu
2334
Kreuzspitze
Geißspitze
Kleine Zerneu
2353
Geißspitzsteig
Untere Sporaalpe
1531
Kessikopf
2345
Zollhütte Vandans
Große Zerneu
Zerneuer Kopf
02
Zerneuer Jöchle
2191
2353
2137
Öfakopf
2374
Rätikon-HW Nord
2291
Öfapaß
Sporentobel
Alpengarten
Porzalengawald
Gelbes Eck
Obere Sporaalpe
1739
Lindauer Hütte
1744
1684
2628
2103
Tiergarten
Gamsfreiheit
Imhofsattel
2827
2445
Drusenfluh
Sporaturm
2489
2102
Heidbüelganda
Eisjöchle
Auf den Bä
2638
2830
Drei Türme
Klettersteig

Gantschier
Klettergarten Wiesengrund
Kaltenbrunnen
Mautstelle
Fischerstöbli
Rodund
Rodundwerk II
Rodundwerk I
Gletscherschliff
Innerbach
Golmerbahn
Rellsbach
Montafoner Bahn
Kloster Gauenstein
Krankenhaus
1006
Mularietsch
Krista
Tschagguns
Kristakopf
1076
Naturerlebnispfad
Landschisott
Lünersee
985
Latschau
Gant
Lünerseewerk
Rasafeibach
Montafoner Hof
Alpenbad Aquarena
Haus Matschwitz
START
1500
Matschwitz
Montabella
Mülli Ferdi
Ganzenahl
Ziegerberg
Aqua-Weg
Eisstadion
Aktivpark Montafon
Golm
Volspora
1207
Grabs
Grabs 1393
1393
Bühel
E.-Werk Gampadels
Bitschweil
Staubecken Gampadels
M1, M2, M3
Gauertalhütte
1250
Gauen
Sanüel
Hochegga
Schwefelquelle
Lederquelle
Bädle
Schädwega
E.-Werk
1301
1733
Manuef
Alpilaalpe
verfallen
1161
Sagabrod
Wild-Ruhegebiet im Winter
1686
Dörrwald
Gluaris
Tobelalpe
2168
Tschaggunser Mittagspitze
Auf dem Tobel
1363
Gampadelsalpe
Dörraberg
Gampadelsbach
Tobelsee
1970
1891
Horaalpe
Walser Alpjoch
2166
Schwarzhornsattel (Jöchli)
Walseralpe
1572
1728
Walserbach
Stausee Fischkalter
Bilkengrat
2460
Schwarzhorn
Schwarze Scharte
Seeweg
Motadenser Kopf
Alpilakopf
2255
Schwarze Erd
Verspala
2443
2103
Tilisunasee
Tilisuna Seehorn
Äußerer Gweilkopf
2211 Tilisunahütte
Tilisunabach
2437
Grünes Fürkele
Tilisunafürkele
Ombrometer
2342
2298 Mottadoner
2406
188

5. Tilisunahütte, 2211 m – Gampadelstal

Von den Schönheiten im Rätikon zum Alpvieh in der Sommerfrische

Ausgangspunkt: Tschagguns (Bushaltestelle des Grabserbus, Parkplatz im Ort), 680 m | **Charakter:** Anstrengende weite Bergtour auf sicheren Pfaden und gut markierten Wegen. Kondition erforderlich, insbesondere für den langen, teilweise steilen Abstieg. Reiche Alpenflora | **Einkehr:** Berggasthof Grabs, Alpilaalpe, Tilisunahütte | **Karten:** KOMPASS Nr. 32, 292

Mittel | 14,75 km | 850 hm 1560 hm | 7:30 Std.

Den Aufstieg von Tschagguns nimmt uns der Wanderbus bis zum **Gasthof Grabs** ab und erspart so rund 700 Höhenmeter. Aus eigener Kraft sind bei der **Alpilaalpe** die nächsten 300 Höhenmeter überwunden, zuerst auf steilem Wiesenpfad bis Hochegga, dann nach rechts auf breitem Forstweg.

Nach ca. 15 Min. ab der schön gelegenen Sennalpe Alpila verlassen wir das Alpsträßchen nach links und steigen durch die Ausläufer der Tschaggunser Mittagsspitze über Mottabella bis zur Tobelalpe mäßig bergan. Hier wieder nach links abbiegend zieht der Bergpfad durch Alpenrosenhänge weiter bergauf zum großartig gelegenen **Tobelsee**. Mit etwas Wetterglück und Windstille spiegeln sich die Drei Türme im bezaubernden Bergsee. In einem kurzen Steilanstieg wird von hier der **Schwarzhornsattel** erreicht. Nun geht es hinab in ein Schotterkar unterhalb der felsigen Abhänge des Schwarzhorns. Es folgt ein kurzer Gegenanstieg, und über die weite Hochfläche des Rieds wird die **Tilisunahütte** erreicht.

Die Tilisunahütte liegt oberhalb des gleichnamigen Sees mit dem Tilisuna Seehorn. Der Blick von der Hüttenterrasse zeigt die gewaltigen Felswände der Weißplatte. Die OeAV-Hütte liegt am Knotenpunkt mehrerer Fernwanderwege und wird auch als Ausgangspunkt für die Besteigung der Sulzfluh gerne besucht.

Unter den vielen Wandermöglichkeiten wählen wir als Abstiegsroute den Seeweg und das Herrawegli ins ursprüngliche Gampadelstal. Dafür gehen wir auf dem Anstiegsweg ca. 10 Min. zurück,

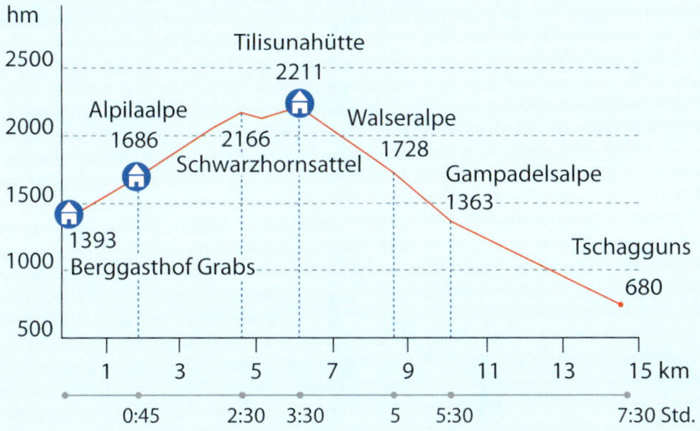

wenden uns nach rechts und wandern auf dem Walseralp-Seeweg zum Tilisunasee hinunter. Ein kleines Wegstück dürfen wir den plätschernden Abfluss des Tilisunasees begleiten. Dann verläuft der Abstieg weiter links steil und steinig hinunter zur **Walseralpe**. Dabei rückt der felsige Aufbau der Tschaggunser Mittagsspitze immer mehr ins Blickfeld.

Das anschließende schmale Herrawegli ist weniger steinig und führt hinunter zu den **Gampadelsalpen**. Bei der ersten Hütte geht es nach links zum Fahrsträßchen und auf diesem bergab.

Wir folgen den gut markierten Wegen des Ziegerberges, die scheinbar endlos nach Tschagguns hinabziehen.

Tobelsee mit Drei Türmen.

Kapelle
1119
Ganeu
1006
Mularietsch
Gletscherschliff
Krista
Kristakopf
1076
Naturerlebnispfad
Lünersee
985
Latschau
983
Lünerseewerk
M1, M2, M3
Schandang
Landschisott
Gant
Aulatschbach
Rasafeibach
Tschöppaalpe
1736
Haus Matschwitz
1502
Matschwitz
Monta bella
1110
Mühli Ferdi
Äußere Golmalpe
Innere Golmalpe
Grüneck 1890
Golmerbahn
Grüneck
Berghof Golm
1732
Golm
02 (Var.)
Volspora
1207
Grabs
START
2124
Golmer Joch
Plazadels
Gauertalhütte
Gauen
1222
Sanüel
Hochegga
Golmer Höhenweg
Latschätzer Höhenweg
2219
Latschätzkopf
1625
Wachters Dieja
1301
1733
Ronnawald
Alpilaalpe
1686
Latschätzalpe
1733
Wild-Ruhegebiet im Winter
2168
Tschaggunser Mittagspitze
2334
Geißspitze
Tobelalpe
Auf dem Tobel
02
Geißspitzsteig
Untere Sporaalpe
1531
Tobelsee
Walser Alpjoch
Bilkentobel
2166
Schwarzhornsattel (Jöchli)
Walseralpe
1728
Walserbach
Alpengarten
Porzalengawald
Sporaalpe
1739
Lindauer Hütte
1744
02
Bilkengrat
1684
Rätikonhöhenweg Nord
2460
Schwarzhorn
Schwarze Scharte
Schwarze Erd
Seeweg
Verspala
2102
2443
2103
Auf den Bänken
2211
Tilisunasee
Tilisuna See
Tilisunahütte
2342
2437
Grünes Fürkele
Tilisunafürkele
Ombrometer
2298
Zollwachhütte
2483
Klettersteig Gauerblickhöhle
2319
2230
Abgrundhöhle
2249
Zollwachhütte
Kleine Sulzfluh
Im Rachen
Gruoben
2343
2708
2561
2044
2241
Grubenpass
2665

Gauenstein
Montjola
Krankenhaus
669
Schruns
690
Brif
687
Montafoner Hof
Kropfen 1375
Maisaß
Hochjochbahn
188
Hof
Kropfen
Rieder
Alpenbad Aquarena
676
Plattes
Ganzenahl
Gamprätz
Egga
Zamangbahn
Rieder Maisäß
Eis-stadion
Gamplaschg
Ziegerberg
Aktivpark Montafon
692
Galzig
Dörfle
Aqua-Weg
M3
Bühl
E.-Werk Gampadels
Zelfen
Bühel
Limat
M2
Lifinar
Bitschweil
Staubecken Gampadels
Golfplatz
Bargus
1115
Bargera
M1, M2, M3
Bitschweil
Bödmen-stein
Stiefen
711
Garnatscha
Bädle
Mansaura
Schädwega
E.-Werk
Biezel
Manuef
Horamaiensäß
1161
Tannbrig
188
Sagabrod
1324
Laferegg
1600
729
Dörrwald
Fratte Maisäß 1340
Gampadelsbach
Gluaris
Maurenwald
Mauren
Frattner Tobel
1363
Gampadelsalpe
Dörraberg
1970
1891
Horaalpe
Fratte
Hof
Maurentobel
Gortniel
Unterschrofen
Bühel
Montafoner Hüsli
Zagaltobel
777
Motadenser Kopf
Badmu
2041
1806
Roßbündta
Alpilakopf
Außergweilalpe
2255
Roßbündter Wald
Im Gröb
Kreuzgasse
795
2187
(verfallen)
Äußerer Gweilkopf
Gweilspitze
Galgenul
2263
2406
Gweiler Maisäß
1174
2000
Winkel
Gweilbach
Innergweilalpe
1743
Suggadinbach
2209
Gweiljoch
der Wand
Äußerer Platinakopf
Jhtt.
Jhtt. Valsott

6. Tschaggunser Mittagspitze

Spannendes Finale am Hausberg von Tschagguns

Ausgangspunkt: Tschagguns (Bushaltestelle des Grabserbus, Parkplatz im Ort), 680 m | **Charakter:** Anspruchsvolle Gipfeltour mit steilen Auf- und Abstiegen. Für die letzten Höhenmeter auf alpinem, ungesichertem Steig sind Trittsicherheit und Schwindelfreiheit erforderlich | **Einkehr:** Berggasthof Grabs, Alpilaalpe (während der Alpzeit) | **Karten:** KOMPASS Nr. 32, 292

Schwer | 6 km | 780 hm / 780 hm | 3:45 Std.

Die alpin gewürzte Gipfeltour nimmt ihren Anfang beim **Berggasthof Grabs**, den wir mit dem Grabserbus bequem erreichen. Nach einem ersten Anstieg über die steilen Weidehänge der Alpe Grabs stoßen wir am Ende des kleinen Skiliftes beim Standort **Hochegga** auf einen breiten Forstweg, der nach rechts kaum mehr ansteigend zur **Alpilaalpe** führt. Bei der obersten Hütte der Alpe geht es weiter auf dem nun weiß-blau-weiß markierten Mittagsspitzsteig. Dieser leitet über einen kleinen Bergrücken steil hinauf zum aussichtsreichen Mittagsspitzgrat am Fuße des felsigen Gipfelaufbaus.

Besonders eindrucksvoll ist der Blick einerseits ins Gampadelstal, andererseits ins Gauertal, begrenzt von Tilisuna Seehorn, Weißplatte, Schwarzhorn, Geißspitze, Drei Türmen und Drusenfluh. Am Grat beginnt der kurze anspruchsvolle Schlussanstieg zur **Tschaggunser Mittagspitze**. Den trittsicheren und schwindelfreien Bergwanderer wird auf den letzten Metern zum Gipfel nichts mehr aufhalten. Die grandiose Rundumsicht in die Täler und die Bergwelt des Montafon wiegt alle Anstiegsmühen auf.

Nach kurzer Rast in luftiger Höhe geht es auf dem Anstiegsweg wieder hinunter bis zu einem Wegweiser, der nach rechts den direkten Abstieg zum Berggasthof Grabs über Hochegga anzeigt. Zunächst werden die Abhänge der Tschaggunser Mittagsspitze noch ohne Höhenverlust gequert. Danach zieht der Pfad in leichtem Auf und Ab durch Strauchvegetation und erhält noch eine Weile die Aussicht auf die bizarren Gipfel des Rätikon, auf das Golmgebiet und den felsigen Zahn der Zimba, auf die sonnigen Hänge von Bartholomäberg über Innerberg bis Kristberg und auf das Hochjochgebiet oberhalb von Schruns bis hin zur Zamangspitze. Bald aber beginnt unweigerlich der

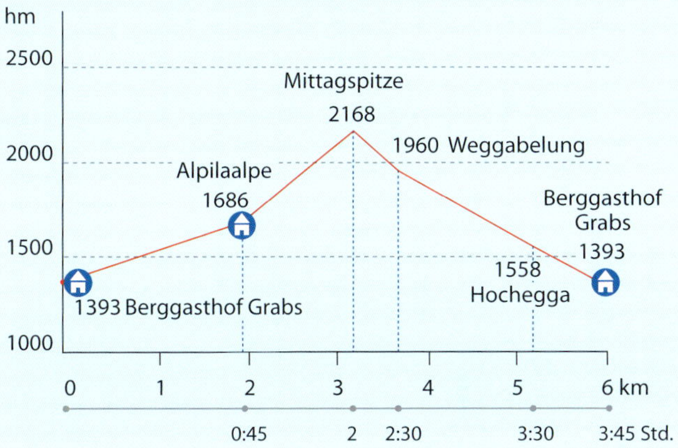

sehr steile Abstieg, der noch einmal alle Konzentration fordert. Wir tauchen in den Wald ein und stoßen beim Standort **Hochegga** wieder auf die Forststraße. Über die Wiesenhänge geht es hinunter zum **Berggasthof Grabs** und mit dem Wanderbus zurück nach Tschagguns.

Blick ins Gampadelstal.

KOMPASS

0 500 m

Tschagguns
Gantschier
Klettergarten Wiesengrund
Kaltenbrunnen
Rodund
Rodundwerk II
Rodundwerk I
Innerbach
Golmerbahn
Gletscherschliff
Montafoner Bahn
Kloster Gauenstein
Krankenhaus
Krista
Kristakopf
Naturerlebnispfad
Lünersee
Latschau
Landschisott
Mulanetsch
Gant
Lünerseewerk
Rasafeibach
Montafoner Hof
Alpenbad Aquarena
Eisstadion
Aktivpark Montafon
Fischerstöbli
Ganzenahl
Ziegerberg
Aqua-Weg
Haus Matschwitz
Matschwitz
Montabella
Mühli Ferdi
Golm
Volspora
Grabs
START
Hochegga
Sanüel
Gauertalhütte
Gauen
Bühel
E-Werk Gampadels
Bitschweil
Staubecken Gampadels
Schwefelquelle
Lederquelle
Bädle
Schädwega
E-Werk
Manuef
Horamaier
Alpilaalpe
verfallen
Sagabrod
Dörrwald
Gluaris
Wild-Ruhegebiet im Winter
Tobelalpe
Auf dem Tobel
Tschaggunser Mittagspitze
Gampadelsalpe
Dörraberg
Horaalpe
Tobelsee
Walser Alpjoch
Schwarzhornsattel (Jöchli)
Walseralpe
Walserbach
Fischkalter
Bilkengrat
Schwarzhorn
Schwarze Scharte
Schwarze Erd
Verspala
Seeweg
Motadenser Kopf
Alpilakopf
Außergweil
Tilisunasee
Tilisunahütte
Tilisuna Seehorn
Ombrometer
Mottadoner
Grünes Fürkele
Tilisunafürkele
Außerer Gweilkopf
Gampadelsbach
Tilisunabach

7. Von Kropfen über Lifinar ins Tal

Über Maisäße bergab nach Schruns

Ausgangspunkt: Schruns (Bushaltestelle und Parkplatz bei der Talstation der Hochjochbahn), 690 m | **Charakter:** Bergabwanderung von der Mittelstation nach Schruns. Alpwege und Wanderpfade abwechselnd durch Waldstücke und über Wiesenhänge. Der markierte Wanderweg ab Lifinar ist steil, alternativ kann der selten befahrene Fahrweg begangen werden. Zuletzt auf einem Anliegersträßchen in den Ort | **Einkehr:** Berggasthaus Kropfen | **Karten:** KOMPASS Nr. 32, 292

Leicht | 6 km | 20 hm / 710 hm | 2:30 Std.

Die bergbäuerliche Landwirtschaft im Montafon wurde traditionell durch eine Maisäßkultur geprägt. Auf diesen Vorstufen zu den Hochalpen ließ man das Vieh im Frühling und Herbst weiden, während es den Sommer auf der Hochalpe und den Winter im Dorf verbrachte. So waren alle Möglichkeiten der Futterbeschaffung optimal genutzt. Bis heute ist teilweise diese alte Kultur erhalten geblieben, andererseits haben manche Maisäßhütten inzwischen als Ferienhäuser eine neue Bestimmung gefunden.

Wir beginnen unsere Maisäßwanderung bei der **Mittelstation der Hochjochbahn** mit der Bezeichnung Kropfen und hier nach rechts kurz ansteigend bis zur Abzweigung nochmals nach rechts in Richtung Lifinar. Schon bald ist die **Rieder Maisäß** erreicht, bei der wir noch Vieh antreffen und wo die wettergebräunten Hütten mit kleiner Kapelle ein friedliches Bild bieten.

Hier beginnt der schmale Wanderpfad. Dieser führt gut bezeichnet über zwei Wildbäche und abwechselnd durch Wiesen und Wald über Galzig hinunter nach **Lifinar**. Bei den sonnenverbrannten Alphütten der alten Maisäß Lifinar gibt es für den Abstieg zwei Möglichkeiten. Entweder über den Fahrweg oder auf dem die weiten

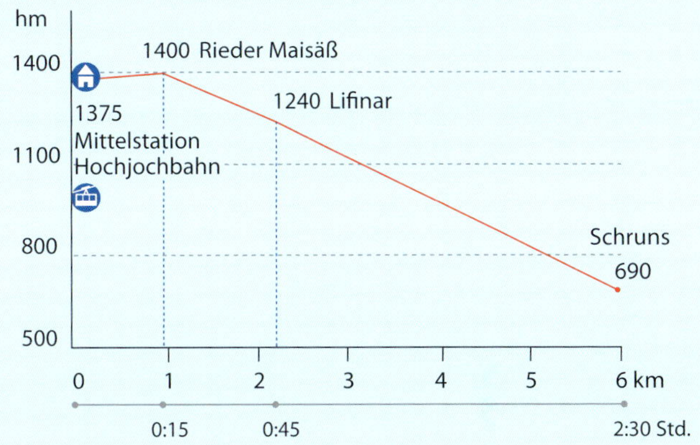

Kehren des Güterstäßchens abschneidenden Wanderweg.

Wir entscheiden uns für den weiß-rot-weiß markierten Wanderweg, der bald nach den letzten Hütten in ein Wäldchen scharf nach rechts abzweigt. Abwechselnd durch Nadelwald und über Wiesenhänge führt der schöne Wanderpfad schließlich in vielen kleinen Kehren steil bergab auf ein selten befahrenes Anliegersträßchen.

Auf diesem geht es anschließend über den Ortsteil Dörfle zur Talstation der Hochjochbahn in **Schruns**.

Kapelle bei Rieder Maisäß; Bild links: Montafoner Häuser bei Schruns.

Daleu
Bündt
Vandans
648
650
böden
Engel
Buxwald
975
Lutt
Bergknappenweg
Bartholomäbe
1087
Fritzendobel
Berger Hof
Dorf
Diel
Zwischenbach
Mazutt
Rellsbach
1640
Gantschier
M2, M3
Klettergarten
Wiesengrund
770
Innerbach
Rodund
Rodundwerk II
Rodundwerk I
Kaltenbrunnen
Kloster
Gauenstein
Mansaura-
Kapelle
Golmerbahn
Gletscherschliff
650
Montafoner Bahn
Krankenhaus
1119
Ganeu
1006
Mularietsch
Krista
Tschagguns
Kristakopf
1076
Landschisott
Lünersee
985
Naturerlebnispfad
687
Montafoner Hof
M1, M2, M3
Schandang
Latschau
Gant
983
854
Lünerseewerk
Aualatschbach
Rasafeibach
Haus
Matschwitz
1502
Monta-
bella
1110
Mölli
Ferdl
Ganzenahl
Innere
Golmalpe
Matschwitz
Ziegerberg
Golmerbahn
Grüneck
Golm
Berghof Golm
1732
Volspora
1207
Grabs
Grabs
1393
1393
Aqua-Weg
Bühel
Plazadels
Gauertalhütte
Gauen
1222
Sanüel
Hochegga
Schwefelquelle
Lederquelle
Bädle
Schädwega
E.-Werk
Wachters Dieja
Ronnawald
1301
1733
Alpilaalpe
verfallen
Manuef
1161
Sagabrod
Wild-Ruhegebiet
im Winter
1686
Dörrwald
Gluaris
2168
Tschaggunser
Mittagspitze
Tobelalpe
Auf dem Tobel
1363
Gampadelsalpe
Gampadelsbach
1531
Tobelsee
Walser Alpjoch
Bilkentobel
2166
Schwarzhornsattel
(Jöchli)
Walseralpe
1728
1572
Walserbach
Stausee
Fischkalter
engawald
02
Bilkengrat
1684
2460
KOMPASS
0
500 m

START
Schruns
Hochjochbahn
Zamangbahn
Kropfen
Restaurant Kapell
Hochjoch
Kreuzjoch
Zamangspitze
Wormser Hütte
Bergbaumuseum
Fernblick
Aktivpark Montafon
Montafoner Hüsli

8. Am Hochjoch

Aussichtsreicher Seen-Rundweg

Ausgangspunkt: Schruns (Bushaltestelle und Parkplatz an der Hochjochbahn), 690 m | **Charakter:** Leichte Rundtour auf sicheren Bergwegen. Unbedeutender Aufstieg zur Wormser Hütte und zum Surblies, ansonsten nur Abstieg | **Einkehr:** Bergrestaurant Kapellalpe, Wormser Hütte, Kapellalpe | **Karten:** KOMPASS Nr. 32, 292

Leicht | 4,25 km | 90 hm / 500 hm | 2 Std.

Die Seilbahn der Hochjochbahn bringt uns in zwei Sektionen bis zur **Kapellalpe**. Anschließend geht es mit dem Sessellift weiter hinauf zur Bergstation **Sennigrat**. Ganz ohne Aufstiegsmühen werden faszinierende Weitsichten geboten. Auf dem breiten Weg in luftiger Höhe zur nahen Wormser Hütte liegt uns das vordere Montafon, gekrönt von den bizarren Schönheiten des Rätikon, zu Füßen. Die Alpenvereinshütte in exponierter Lage wird auch wegen des aussichtsreichen Kreuzjochs in unmittelbarer Nähe gerne besucht.

Für uns beginnt bei der **Wormser Hütte** der Abstieg auf dem Seeweg. Schon nach wenigen Schritten be-

Bild unten: Herzsee; Bild rechts: Kapellalpe.

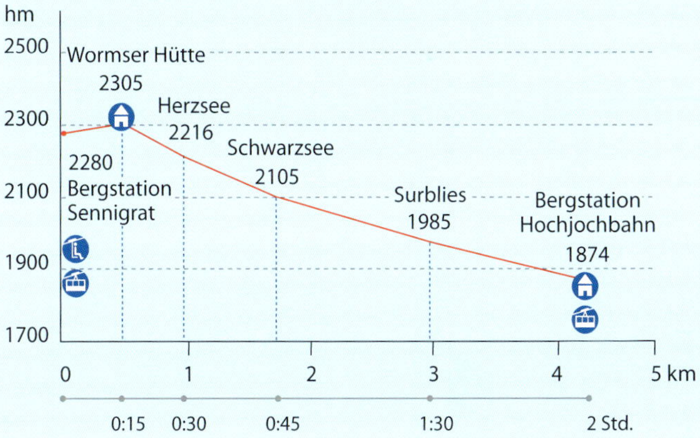

geistert der Blick auf den in einer grünen Mulde liegenden **Herzsee**. Jeder wird erkennen, dass er seinen Namen zu Recht trägt. Im kristallklaren Wasser des Herzsees, mit dem die Wormser Hütte versorgt wird, spiegelt sich der Gipfel des Hochjochs. Eine Etage tiefer erwartet uns links des Wanderweges ein kleines und namenloses Seenauge mit kleiner Holzhütte und kurz danach rechts der große **Schwarzsee**.

An seinem nordwestlichen Ufer quert der schmale Bergpfad bald aussichtsreiche Wiesenhänge mit Blick über die Streusiedlungen von Bartholomäberg und Silbertal und über das Klostertal hinweg auf das Lechquellengebirge mit Roter Wand. Wir ignorieren den zur Alpe Innerkapell führenden Weg und bleiben auf dem Seeweg. Kurz vor dem künstlich angelegten Speichersee für Schneeanlagen ist ein minimaler Abstecher zum Aussichtspunkt **Surblies** lohnend. Zurück beim Stausee mündet der schmale Bergweg in einen Zufahrtsweg, der durch Skianlagen zum großen **Bergrestaurant Kapellalpe** und der **Bergstation der Hochjochbahn** führt. Mit der Seilbahn geht es zurück ins Tal.

Kurz bevor man die Bergstation erreicht hat, ist vielleicht die besondere Bauart der Alphütten der Vorderen Kapellalpe aufgefallen. Zum Schutz vor Lawinen wurden mehrere Hütten stufenförmig von unten nach oben aneinandergesetzt. Zur Alpzeit werden hier Milchprodukte und Brettljausen angeboten.

Marentes
969
Relles
Rellseck
1487
Lehrwanderweg
1883
Monteneu
M2, M3
Jetzmunt
845
Fritzasee
1440
Worms
St. Anna-Stollen
Sassella
Lutt
Engel
Bergknappenweg
Buxwald
975
Bartholomäberg
1087
Fritzendobel
Berger Hof
Dorf
Riederhof
Fernblick
1107
Maustelle
Gantschier
Klettergarten Wiesengrund
Fischerstöbli
Kaltenbrunnen
Rodund
Rodundwerk II
Rodundwerk
Kloster Gauenstein
Daneu
Litz
Tavau
Gletscherschliff
650
Montafoner Bahn
Montjola
Krankenhaus
669
Schruns
690
Krista
Kristakopf
1076
Tschagguns
687
Naturerlebnispfad
Lünersee
Latschau
985
854
983
Montafoner Hof
Hochjoch
M1
Aqua-Weg
188
Alpenbad Aquarena
676
Gamprätz
Rasafeibach
Lünerseewerk
Ganzenahl
Eisstadion
Aktivpark Montafon
692
Montabella
1110
Ziegerberg
M3
E.-Werk Gampadels
Zelfen
Bühel
Volspora
1207
Grabs
Grabs
1393
1393
Bitschweil
Staubecken Gampadels
Golfplatz
1115
M1, M2, M3
Bitschweil
Bödmenstein
Sanüel
Hochegga
Schwefelquelle
Lederquelle
Bädle
Schädwega
E.-Werk
Mansaura
711
1733
Manuel
Horamaiensäß
Alpilaalpe
verfallen
1161
1686
Sagabrod
1324
Tannbrig
Dörrwald
2168
Tschaggunser Mittagspitze
Gluaris
Maurenwald
Tobel
1363
Gampadelsbach
Gampadelsalpe
Dörraberg
1970
1891

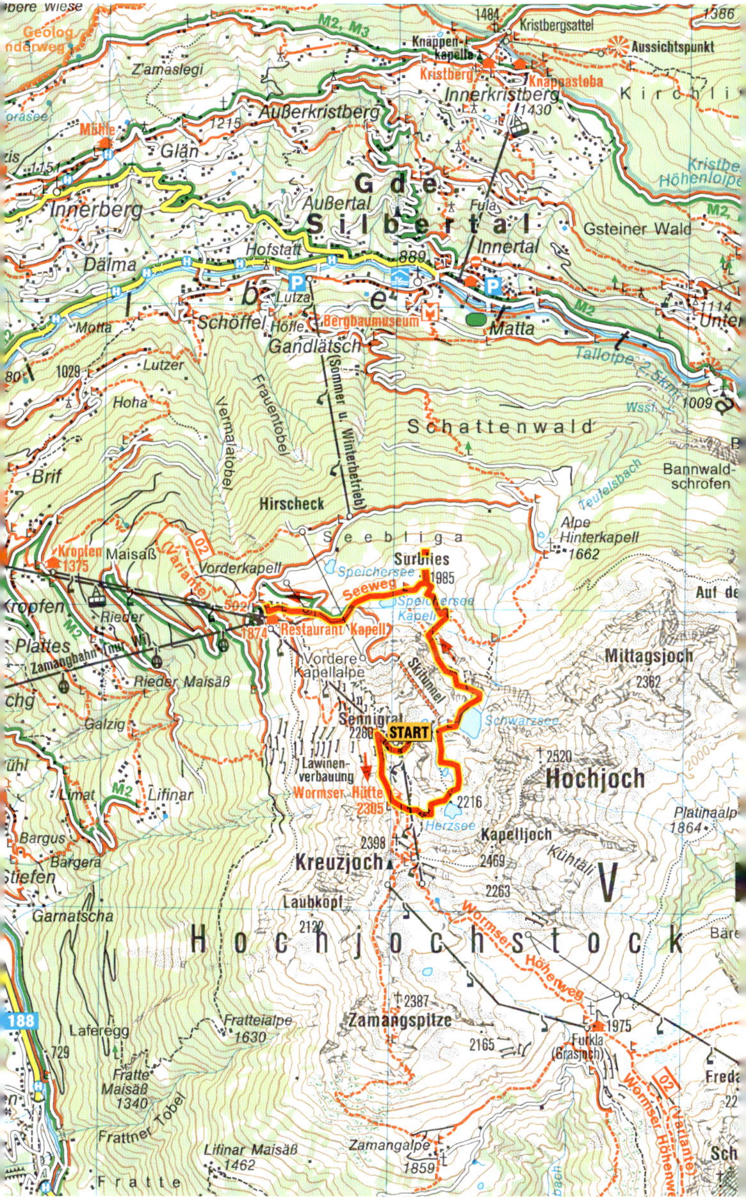
Kristbergsattel
Aussichtspunkt
Knappen-kapelle
Kristberg
Knappastoba
Innerkristberg
1430
Z'amaslegi
Außerkristberg
Mühle
Glän
Innerberg
Gde. Silbertal
Außertal
Fula
Gsteiner Wald
Hofstatt
889
Innertal
Dälma
Lutza
Motta
Schöffel
Höfle
Bergbaumuseum
Matta
Gandlätsch
Talloipe 2,5 km
1009
Lutzer
Hoha
Frauentobel
Vermatatobel
(Sommer u. Winterbetrieb)
Schattenwald
Brif
Bannwald-schrofen
Hirscheck
Seebliga
Alpe Hinterkapell
1662
Kropfen
1375
Maisaß
Vorderkapell
Surbiies
1985
Speichersee
Seeweg
Restaurant Kapell
1874
Rieder
Plattes
Zamangbahn
Rieder Maisäß
Vordere Kapellalpe
Skitunnel
Mittagsjoch
2362
Sennigrat
2280
START
Schwarzsee
2520
Hochjoch
Galzig
Lawinen-verbauung
Wormser Hütte
2305
2216
Herzsee
Platinaalpe
1864
Limat
Lifinar
Bargus
Bargera
2398
Kreuzjoch
Kapelljoch
2469
Kühtäli
2263
Laubkopf
2122
Garnatscha
Wormser Höhenweg
Hochjochstock
2387
Zamangspitze
188
Fratteialpe
1630
Laferegg
729
2165
1975
Furkla (Grasjoch)
Fratte Maisäß
1340
Frattner Tobel
Lifinar Maisäß
1462
Zamangalpe
1859
Fratte
02 (Variante)
Wormser Höhenweg

9. Zur Alpkäserei Innerkapell, 1662 m

Besuch beim Käser

Ausgangspunkt: Schruns (Bushaltestelle und Parkplatz an der Hochjochbahn), 690 m | **Charakter:** Unschwierige Rundtour auf Alpwegen und Bergpfaden mit relativ geringen Auf- und Abstiegen | **Einkehr:** Bergrestaurant Kapellalpe, Alpe Innerkapell, Kapellalpe | **Karten:** KOMPASS Nr. 32, 292

Leicht | 7 km | 320 hm 320 hm | 2:30 Std.

Bei der **Bergstation der Hochjochbahn** eröffnet sich dem Wanderer ein großes Angebot an Tourenmöglichkeiten. Unübersehbar ist das Hochjochgebiet auch ein Tummelplatz für Wintersportler. Die Skilifte lassen wir bald hinter uns und wandern an den aufsteigend aneinander gebauten Holzhütten der **Kapellalpe** vorbei den Seeweg hinauf Richtung Surblies. In der Nähe des Speichersees für Schneeanlagen zweigt man vom Schotterweg nach links auf einen Bergpfad zum Aussichtspunkt **Surblies** ab. Der Blick umfasst die dolomithelle Gipfelwelt des Rätikon, schweift über die Streusiedlungen von Bartholomäberg und Silbertal, über das Klostertal hinweg zu den Lechtaler Alpen mit der markanten Roten Wand sowie im Osten zu den ersten Gipfeln der Verwall-Gruppe und endet am nahen Hochjoch.

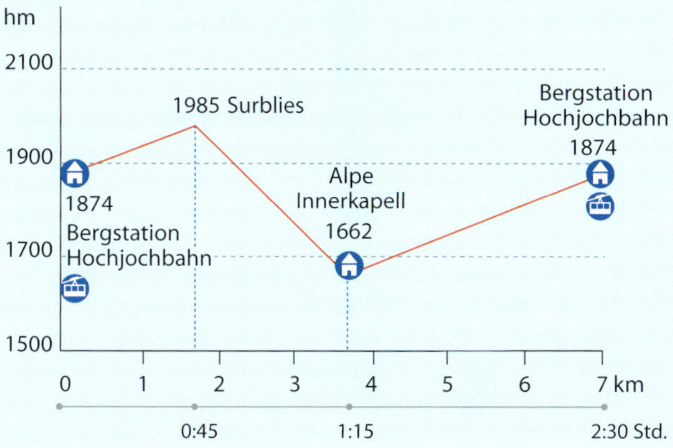

Weiter mit schönen Ausblicken führt der Bergpfad in der Nähe des aus dem Schwarzsee abfließenden Teufelsbaches leicht abwärts bis zur **Alpe Innerkapell**, die in einer breiten Mulde hoch über dem Silbertal liegt. Käsereibesichtigungen sind bei der Sennalpe in den Sommermonaten einmal wöchentlich möglich. Die eigenen Produkte wie Milch, Butter und der für das Montafon typische „Sura Kees" (Sauerkäse aus Magermilch) können vor Ort verkostet werden. Während der Teufelsbach an der Alpe Innerkapell vorbei seinen Weg ins Silbertal nimmt und dort in die Litz mündet, führt unser Wanderweg an einem kleinen See vorbei und schwenkt danach in westliche Richtung. Der Rückweg zur **Bergstation** ist nicht zu verfehlen. Er verläuft überwiegend durch Wald auf breitem Weg leicht bergan.

Alpe Innerkapell mit Hochjoch; Bild links: Blick auf Alpe Innerkapell.

KOMPASS

0 500 m

Kristbergsattel
Aussichtspunkt
Knappen-kapelle
Kristberg
Knappastoba
Innerkristberg
1430
Kirchliw
Z'amaslegi
Außerkristberg
Mühle
Glän
Gde Silbertal
Innerberg
Außertal
Fula
Gsteiner Wald
Kristberg-Höhenloipe
Hofstatt
889
Innertal
Dalma
Lutza
Schöffel
Höfle
Bergbaumuseum
Matta
Motta
Gandlätsch
Talloipe 2,5 km
1114
1009
Lutzer
Hoha
Schattenwald
Frauentobel
Vermaletobel
(Sommer u. Winterbetrieb)
Brif
Hirscheck
Bannwald-schrofen
Teufelsbach
Alpe Innerkapell
1662
Seebliga
Surbries
1985
Kropfen
1375
Maisaß
(Variante)
Vorderkapell
Speichersee
Seeweg
START
1874
Restaurant Kapell
Auf der
Rieder
Mittagsjoch
2362
Zamangbahn (nur Wi)
Rieder Maisäß
Vordere Kapellalpe
Skitunnel
Sennigrat
2280
Schwarzsee
Galzig
2520
Hochjoch
Lawinen-verbauung
Wormser Hütte
2305
2216
Platinaalpe
1864
Limat
Lifinar
Herzsee
Kapelljoch
Bargus
2398
Kreuzjoch
2469
Kühtäli
Bargera
2263
Laubköpf
2122
Garnatscha
Wormser Höhenweg
Hochjochstock
2387
Zamangspitze
Fratteialpe
1630
Laferegg
1975
Furkla (Grasjoch)
2165
Fredako
Fratte Maisäß
1340
2256
Frattner Tobel
Lifinar Maisäß
1462
Zamangalpe
1859
Schei

10. Zamangspitze, 2387 m

Aussichtskanzel im vorderen Montafon

Ausgangspunkt: Schruns (Bushaltestelle und Parkplatz an der Hochjochbahn), 690 m | **Charakter:** Alpiner Steig zum Gipfel der Zamangspitze. Steiler und langer Abstieg auf gut markiertem Wanderweg, der die Alp- und Forststraße abkürzt | **Einkehr:** Wormser Hütte, Zamangalpe (während Alpzeit) | **Karten:** KOMPASS Nr. 32, 292

Mittel | 9,5 km | 110 hm, 1510 hm | 4:30 Std.

Die Hochjochbahn und der Sessellift zum **Sennigrat** bringen den Wanderer bequem in aussichtsreiche Höhen.

Von der **Bergstation** leitet ein viertelstündiger Panoramaweg zur **Wormser Hütte**. Bei der AV-Hütte geht es nach links kurz bergab und wieder hinauf zum Kreuzjochsattel, der den Blick zur Zamangspitze frei gibt. Es beginnt eine alpine Gratwanderung hoch über dem Talgrund des Montafon bis zum Fuß der **Zamangspitze**. Der Gipfel selbst wird zunächst rechts umgangen und später nach links über einen kurzen Steilaufschwung erreicht. Die Rundumschau zeigt neben den Lechtaler Alpen im Norden alle Schätze des Montafon. Es imponieren die Gebirgsgruppen von Verwall und Rätikon, den Talschluss beherrscht die gewaltige Silvretta mit leuchtenden Gletschern.

Durch die südlichen Ausläufer der Zamangspitze leitet der Bergpfad durch Zwergstrauchvegetation in weitem Bogen hinunter zur **Zamangalpe**. Bei der Sennalpe wird die Milch vor Ort zu Alpbutter und

Zamangspitze; Bild rechts: Gleitschirmflieger am Sennigrat.

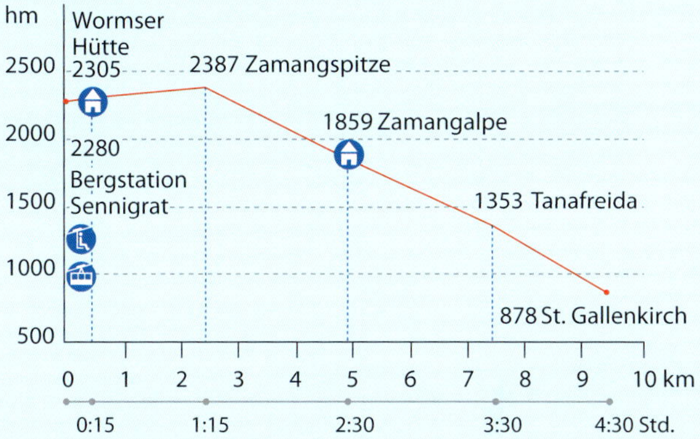

„Sura Kees“ (Sauerkäse) verarbeitet und während der Bewirtschaftungszeit dem Wanderer angeboten. Hier stößt man auf die Alpzufahrtsstraße. Die weiß-rot-weiße Markierung zeigt den Abstiegspfad teils durch Wiesen, teils durch Wald. Mit diesem werden immer wieder die weiten Kehren der Forststraße abgekürzt. Nach einem kleinen Birkenwäldchen erreichen wir die Hütten der **Maisäß Tanafreida**. Gweilspitze mit Innergweilalpe und Rütihorn bilden den nahen Horizont. Imponierend ist der Blick ins schöne Gargellental mit der mächtigen Madrisa, und im Westen ragt der steile Zahn der Zimba in den Himmel. Kurz unterhalb von **Tanafreida** entscheiden wir uns bei einer Wegteilung für den Abkürzungsweg über Sponna.

Dieser führt über Waldboden sehr steil durch hohen Fichtenwald hinunter nach **St. Gallenkirch**.

Schruns
690
Tschagguns
687
Montjola
Krankenhaus
669
Krista
Hochjochbahn
Kropfen
Plattes
Montafoner Hof
Aqua-Weg
188
Alpenbad Aquarena
676
Gamprätz
Egga
Zamangbahn
Gamplaschg
Ganzenahl
Eis-stadion
Aktivpark Montafon
692
Ziegerberg
Dörfle
E.-Werk Gampadels
Zelfen
M3
Bühl
Grabs
Grabs 1393
1393
Bühel
Bitschweil
Staubecken Gampadels
Golfplatz
Bargus
M1, M2, M3
Bitschweil
1115
Bödmen-stein
Stiefen
Hochegga
Schwefel-quelle
Lederquelle
Bädle
Schadwega
E.-Werk
Mansaura
711
Biezel
Garnats
1733
Manuef
Horamaiensäß
verfallen
1161
Tannbrig
1324
Sagabrod
1600
729
Dörrwald
Gampadelsbach
Gluaris
Maurenwald
Mauren
2168
Tschaggunser Mittagspitze
1363
Gampadelsalpe
Dörraberg
1970
1891
Horaalpe
Hof
Maurentobel
1728
1572
Walserbach
Stausee Fischkalter
Unterschrofen
Bühel
Zagaltobel
Motadenser Kopf
2041
1806
Außergweilalpe
Alpilakopf
Seeweg
2255
Roßbündter
Im Gröb
2103
2187
(verfallen)
Tilisuna Seehorn
Außerer Gweilkopf
Gweilspitze
2342
2263
2406
Tilisunabach
2298
Mottadoner
Zollwachhütte
Tilisunaalpe
2000
Gweiler Maisäß
Gweilbach
1966
Innergweilalpe
1743
2209
Gweiljoch
Hinter der Wand
02
Äußerer Platinakopf
Jhtt.
Jhtt. Valsott
0 500 m

KOMPASS

Hirscheck
Seebliga
Surblies
1985
Vorderkapell
Speichersee
Seeweg
Restaurant Kapell
1874
Vordere Kapellalpe
Rieder Maisäß
Sennigrat
2280
START
Schwarzsee
Lawinenverbauung
Wormser Hütte
2305
Lifinar
2216
Herzsee
Hochjoch
2520
Mittagsjoch
2362
Alpe Hinterkapell
1662
Bannwaldschrofen
Hubertusstube
1104
Auf der Platte
1945
Kapelljoch
2469
Kreuzjoch
2398
Laubkopf
2122
2263
Kühtäli
Platinaalpe
1864
Hochjochstock
Wormser Höhenweg
Bärenalpe
2387
Zamangspitze
2165
Furkla (Grasjoch)
1975
2106
Fredakopf
2256
Frattelalpe
1630
Lifinar Maisäß
1462
Zamangalpe
1859
Scheimersch
2420
Wormser Törl
Scheimerschrüfi
2027
Lendes
Tanafreida Maisäß
1353
Lifinartobel
Montafoner Hüsli
Badmunt
Blenischau
Seggeswald
Schoder
Fleischatobel
Galgenul
Außerziggam
Muntanella Stöbli
Bodastoba
829
Adler
Innerziggam
Dörfli
St. Gallenkirch
878
Bödnerkapelle
Bleisottkapelle
Montiel-Maisäß
1361
Netzam
1635
Hüttnertobel
Außergant
Neuberg
1064
Skitrasse
Monig
1354
Balbier-Wssf.
Tramosabach
Teufelsbach
Gieslabach
Wild-
1878
795

11. Wormser Höhenweg

2-Tagestour: Einsamkeit hat einen Namen

Ausgangspunkt: Schruns (Bushaltestelle und Parkplatz bei der Talstation der Hochjochbahn), 690 m | **Charakter:** Sehr lange Hochgebirgstour mit erheblichen Höhendifferenzen durchgehend auf schmalen Bergpfaden in über 2000 m Höhe. Bergerfahrung, Trittsicherheit, Ausdauer und eine gute Kondition sind unerlässlich. Auf dem gesamten Wormser Höhenweg keine Einkehrmöglichkeit! Proviant und Getränke in ausreichendem Maße mitnehmen. Nur bei stabiler Wetterlage und an langen Tagen empfehlenswert | **Einkehr:** Wormser Hütte (1. Übernachtung), Neue Heilbronner Hütte (2. Übernachtung), Verbellaalpe (zur Alpzeit), Alpstöbli/Bergstation Tafamunt | **Karten:** KOMPASS Nr. 32, 292

Schwer | 28 km | 990 hm / 1780 hm | 12 Std.

Wer sich von der Länge des Wormser Höhenweges nicht abschrecken lässt, wird mit ständig wechselnden Landschaftsbildern belohnt, die Rätikon, Verwall, Silvretta und damit alle drei Gebirgsgruppen des Montafon umfassen. Es empfiehlt sich, für diesen weiten Höhenweg bereits am Vortag anzureisen und die Hochjochbahn und den anschließenden Sessellift zum Sonnigrat zu nutzen. Von hier erreicht man in einer 1/4 Std. Fußweg die **Wormser Hütte**, den Ausgangspunkt des Wormser Höhenweges. In herrlicher Aussichtslage kann man noch einen Sonnenuntergang genießen, sich auf die Tour einstellen und diese am nächsten Morgen in aller Frühe starten.

1. Tag
Unmittelbar in Hüttennähe beginnt der kurze Aufstieg auf felsigem Steig zum **Kreuzjoch** mit umfassendem Gipfelpanorama. Mit deutlichem Höhenverlust geht es vom Gipfel und über Wiesenhänge mit Blick auf die nahe Zamangspitze hinunter zum **Grasjoch**. Bald hat man die Skiliftanlagen hinter sich gelassen. Die hellen Kalkwände des Rätikon vor Augen geht es durch schrofiges Gelände in anregendem Auf und Ab, zuletzt steiler hinauf zum **Wormser Törl**. Immer Richtung Osten, der Sonne entgegen, wandern wir nun südlich des Scheimersch weiter, wobei nun die Gipfel der Silvretta immer mehr ins Blickfeld rücken. Kaum hat man sich an das ge-

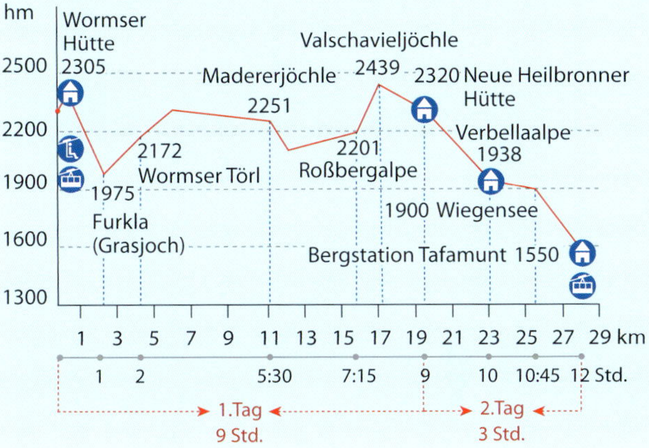

mütliche Bummeln auf nahezu ebenem Panoramaweg gewöhnt, geht es schon wieder zum nächsten Joch empor. Zwischen Geisterspitz und Rossberg gelegen bietet das **Roßbergjoch** einen schönen Blick auf den Oberen Alpgues-See Richtung Norden ins Silbertal. Wir aber wandern weiter unbeirrt Richtung Osten. Der gemütliche

KOMPASS INFO

Vorzeitiger Abbruch der Tour möglich beim Wormser Törl nach St. Gallenkirch, zwischen Rossbergjoch und Madererjöchle über Netzamaisäß bzw. Netzaalpe nach Gortipohl sowie nach dem Madererjöchle über Bizulalpe ins Valschavieltal und nach Gaschurn.

Abstieg von der Heilbronner Hütte über Wiegensee.

Blick über Valschavieltal.

Pfad führt eine gute Weile über weite Hochflächen unterhalb des Schärmsteeberges, quert mehrere Bachläufe und lässt Schauen und Genießen zu. Aber das nächste Joch kommt bestimmt. Über Wiesenkehren gewinnt der Steig schnell an Höhe und erreicht das **Madererjöchle** am Fuße des mächtigen Valschavieler Maderer. In der Ferne glänzen die Firnfelder der Silvretta. Mäßig steil geht es vom Joch hinunter bis zur Abzweigung Richtung Valschaviel Maisäß.

Wir bleiben auf dem weiter geradeaus hoch über dem Valschavieltal verlaufenden Wormser Höhenweg. Endlos zieht der Bergpfad nahezu eben über Bergmatten und mit Sträuchern von Alpenrosen, Heidelbeeren und Heidekraut bewachsenen Hängen. Kleine Steinfelder und mehrere Bergbäche werden gequert, bevor es wieder mäßig zu steigen beginnt. Danach verflacht sich der Weg und führt entlang der Südhänge von Giampkopf, Schwarzer Wand und Fanesklakopf über die von Blockwerk durchsetzten Bergmatten der **Roßbergalpe**. Links fällt die neu erbaute Unterstandshütte auf, und kurz danach zeigt eine Wegtafel die Richtung zum Valschavieljöchle. Am Ende des langen, ursprünglichen Valschavieltals geht es noch einmal

KOMPASS HIGHLIGHT

Aus den Zehn Geboten des Bergsteigers um 1900 (gesehen im Montafoner Tourismusmuseum in Gaschurn)

7. Gebot: „Du sollst die Hütte nicht zur Kneipe herabwürdigen. Alkohol ist der übelste Wandergefährte, die Hütten sind zur Erholung der Bergsteiger da und die Nächte zum Schlafen."

bergauf. Wohl dem, der sich seine Kräfte gut eingeteilt hat. Über Fels- und Geröllstufen fordert der Steilanstieg zum **Valschavieljöchle** eine letzte Kraftanstrengung. Wen kümmert hier die Hinweistafel auf die Landesgrenze Vorarlberg-Tirol? In großer Einsamkeit leitet der Weiterweg an Seenaugen vorbei leicht bergab zum **Valschavielsee**, der in erhabene unberührte Natur eingebettet liegt. Es folgen mit Wollgras üppig ausgestattete Feuchtgebiete. Dann endlich wird nach einem langen Wandertag die **Neue Heilbronner Hütte** sichtbar, die wir schließlich an den Scheidseen entlang erreichen.

2. Tag

Die Wegtafel bei der **Neuen Heilbronner Hütte** zeigt mehrere Abstiegsmöglichkeiten an. Wir entscheiden uns für eine bequeme Variante zunächst am Verbellabach entlang hinunter zur **Verbellaalpe**. Kurz oberhalb der bewirtschafteten Alpe folgen wir dem Wegweiser Richtung Wiegensee und Tafamunt. Der schöne Pfad leitet durch niederes Buschwerk in eine zauberhafte Hochmoorlandschaft. Darin eingebettet liegt der märchenhafte **Wiegensee**. Am Fuße der mächtigen Versalspitze weiter wandernd, wird der Blick frei auf die zahlreichen Kehren der Silvretta-Hochalpenstraße und den Vermunt-Stausee. Noch einmal grüßen die Silvrettagipfel mit weiß leuchtenden Firnfeldern herüber. Kann es einen schöneren Ausklang nach zwei Wandertagen in unberührter Natur geben? Erst bei der Einstiegsstelle der **Tafamuntbahn**, die uns endgültig zurück ins Tal bringt, hat uns die Zivilisation wieder eingeholt. Der Eindruck einer einsamen Wanderung und die Erinnerung an ein großartiges Bergerlebnis aber bleiben.

Neue Heilbronner Hütte.

KOMPASS

0 500 m

schrofen
1104
M2
Burtschabach
Wssf.
Jhtt.
Grüne Kappe
1806
Gretschalpe
2112
Lobs
Starkes Eck
Fellimännle
1104
Kirchli
Auf der Platte
1945
Gretscher See
2188
Hasahüsli
Bergknappen-
stollen
In den
Stocken
Lobschil
Mittagsjoch
2362
2445
Fellimännle
Im Ree
2209
hjoch
2000
Litz
Platinaalpe
1864
Gleslaalpe
1311
Wssf.
Galgazüge
Aussichtspunkt
"Fuchsschwanz"
Gieslabach
E
Ronaalpe
1356
R
M3
1360
Jhtt.
O C K
Bärenalpe
Untere Gaflunaalpe
2106
S
1975
Jhtt.
Untere Dü
Fredakopf
1796
Alpguesalpe
1855
Käferaalpe
02
Wormser Höhenweg
(Variante)
2256
2047
1917
Unterer
Scheimersch
2420
Geisterspitz
Alpguessee
Dreier
2038
2212
Piziguter Grat
2480
2321
Scheimer-
schrüfi
Wormser Törl
Roßbergjoch
Oberer
2478
2381
2305
Dürrkopf
2027
Lawinen-
verbauung
Roßberg
2407
Schärmsteeberg
Wild-Ruhegebiet
im Winter
2370
Luterseeberg
02
(Variante)
Wormser Höhenweg
1878
Seggeswald
2054
Roßberg
Fleischatobel
Gallenkirch
Hüttnertobel
Netzaalpe
Roßboden
Ruhegebiet
im Winter
1361
Montiel-
Maisäß
1635
Netzamaisäß
1854
Balbierbach
Bleisott-
kapelle
Augstenboden
Außergant
Moniggmaisäß
1354
Zapfkopf
2288
Balbier-Wssf.
Grappeskopf
2206
Innergant

Lutterseeberg
Wormser Höhenweg
02
(Variante)
Tälispitze
2613
Frastafaller Spitz
2571
Giampspitze
2533
Maderertal
2351
Madererk
Giampkopf
2470
2769
Roßboden
Ruhegebiet im Winter
1854
Madererträli
Valschavieler Maderer
2390
Wormser Höhenweg
Augstenboden
Grat (Madererjöchle)
2251
Zapfkopf
2288
Valschaviel
Innerberg
Bizulalpe
1639
1824
2086
Wild-Ru
Außerberg
2000
Valschaviel
Valschavieler Maisäß
Gibaualpe
Lifinar
1477
1862
Bakotta
Valschavielbach
Gibaualpe
1848
Verbell
Scholzweg
Gibaualpe
Auf der
2284
Bergosta
Mottner Tobel
2015
2489
Tafamunter Augstenberg
Kanzel
Gaschurn
979
Lawinen-verbauung
Schassnergrat
2365
Jöchli
2405
Schnee-
Lawinen-verbauung
Ruhegebiet im Winter
Versalhaus (verf.)
2462
Versalspitze
Rifa
Außer-
Tafamuntmaisäß
(nur Sommerbetrieb)
Wiege
Wiegensee
188
Inner-
1501
1660
Tafamuntalpe
Tafamuntbahn
M3
Zerres
Motta
Kopswerk (unterirdisch)
1891
Schrofawand
Außerbofa
Partenen
1051
Vermuntwerk
M3
Außer-
1447
Innerbofa
Im Loch
Gufelgut
Golfhaus
1113
1600

0 500 m

Törkopf
Schönverwallhütte
2007
Valschavielkopf
2201
Notunterkunft
Roßberghütte
Valschavieljöchle
Bike Trail Tirol
Albonakopf
Madrusa
Gaschurner
Winterjöchle
Kessisee
Valschavielsee
(Albonasee)
Wormser Höhenweg
Variante
Bruckmannweg
Schönverwalltal
Ochsental
Albonabach
NSG
Östl. Valschavielberg
Westl. Valschavielberg
Stritkopf
2604
2270
Scheidseen
Verbellner
Winterjöchli
518
02
(Variante)
Friedrichshafener Weg
Heilbronner Hütte
2320
Jöchligrat
2626
Valschavielkamm
Verbellakopf
Verbellabach
M3
Grüner Grat
2708
2741
Pfannensee
Brüllender See
Wild-Ruhegebiet
im Winter
Schaftäler
2819
Schrottenkopf
2890
Verbellaalpe
1938
Fluhspitzen
Östliche Fluhspitze
Verbellalpe
Mittl.
Östl.
2653
Westl.
2512
2641
Fädner Scharte
2673
Verwallalpe
Fluhgruppe
Wang
Fädner Spitze
2788
Zeinissee
1915
Alpengasthof
Zeinisjoch
1822
1842
Zeinisjoch
E.-Werk
1855
Kops
Alpkogel
1995
Muttelberg
2044
Kops-Stausee
(1809)
Zeinisbach
Kleinzeinis
Innere Kopsalpe
Faulbrunnalpe
2033
Außere Kopsalpe
Jausenstation
nur im Winter
Dreiländer
Wirler Hof
Almhof
1622
Wirl

12. Maisäß Montiel

Die Bauernhäuser der Walser

Ausgangspunkt: St. Gallenkirch (Bushaltestelle und Parkplatz), 878 m | **Charakter:** Nach Anliegerstraße auf Wiesen- und Waldweg ansteigend. Zum Schluss sehr steil bergauf nach Montiel. Abstieg im ersten Teil ebenfalls ziemlich steil, Kehren des Alpsträßchens abkürzend. Zuletzt über den fast ebenen Wiesenweg zurück. Gut markiert | **Einkehr:** verschiedene Gasthäuser in St. Gallenkirch, Kuriosität: größte Biersammlung Österreichs im Muntanella Stöbli | **Karten:** KOMPASS Nr. 32, 292

Leicht | 7 km | 490 hm 490 hm | 3 Std.

Bis heute hat sich die Kulturlandschaft der Maisäße noch teilweise erhalten. Nach alter Tradition verbringt das Vieh den Winter im Dorf. Im Mai zieht man mit ihm auf den Maisäß, im Sommer auf die höher gelegene Alp, bevor es im Herbst noch einmal auf dem Maisäß weidet. So werden die Futterquellen optimal genutzt. Auch bei dem schönen Maisäß Montiel kann man sich heute noch diese alte Kultur vorstellen, wenn auch inzwischen fast alle Hütten als Ferienhäuser genutzt werden.

Die Wanderung dorthin beginnen wir gegenüber der Kirche von **St. Gallenkirch** über den Ziggamweg, der am Muntanella Stöbli vorbei durch den Ortsteil Ziggam hinauf führt. Bei der Wegtafel „Innerziggam" folgen wir der Markierung „Schoder" weiter geradeaus bergauf. Nach den letzten Häusern mündet das Anliegersträßchen in einen Pfad über Wiesen bergauf zum Waldrand und bis zum Gufeltobel. Hier geht es geradeaus weiter Richtung Bödner Kapelle. Der bisher gelb-weiß markierte Wanderweg wechselt auf weiß-rot-weiß und wird am Ende des so genannten Schoderweges breiter. Kurz vor Erreichen der Bödner Kapelle (Abstecher 15 Minuten hin und zurück) zeigt eine Hinweistafel bei einer Wegverzweigung die Richtung links hinauf nach **Montiel**. Der sehr steile Anstiegspfad leitet durch dichten Nadelwald zum herrlich gelegenen Maisäß. Die zahlreichen sonnenverbrannten Holzhäuser zeugen von einer alten Bauernkultur. Zusammen mit der kleinen Kapelle und den Ausblicken auf die Bergwelt zwischen Gargellental und Garneratal bietet Montiel ein anmutiges Bild. Für den Rückweg folgen wir zu-

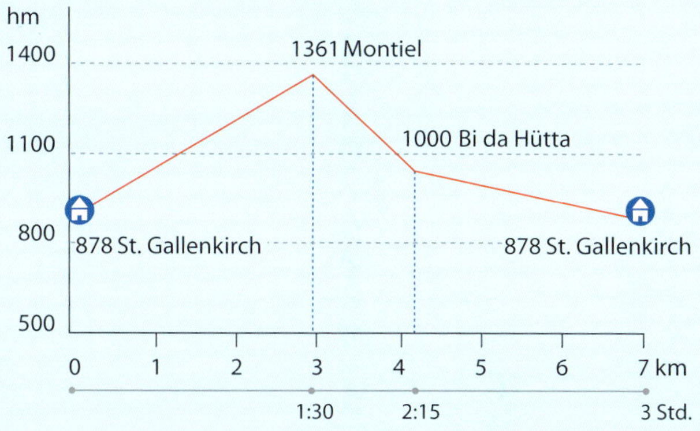

nächst dem Wegweiser Richtung Gortipohl. Der weiß-rot-weiß markierte Pfad führt an einigen Maisäßhütten vorbei und stößt auf das Alpsträßchen. Diesem folgen wir nach links weiter Richtung Gortipohl und bei der nächsten Weggabelung nach rechts hinunter, bis eine deutliche Markierung links abbiegend den Wanderpfad weist. Steil bergab verliert dieser rasch an Höhe. Noch einmal stoßen wir auf die Alpstraße, deren nächste Kehren auf gut markiertem Pfad abgekürzt werden. An der Bleisott-Kapelle vorbei und über eine Brücke gelangt man zum Standort „Bi da Hütta". Hier rechts hinunter, romantisch direkt am Bach entlang. Wir wechseln noch einmal auf die andere Seite des Wassers und bummeln über den bezeichneten Wiesenweg gemütlich zurück nach **St. Gallenkirch**.

Maisäß Montiel.

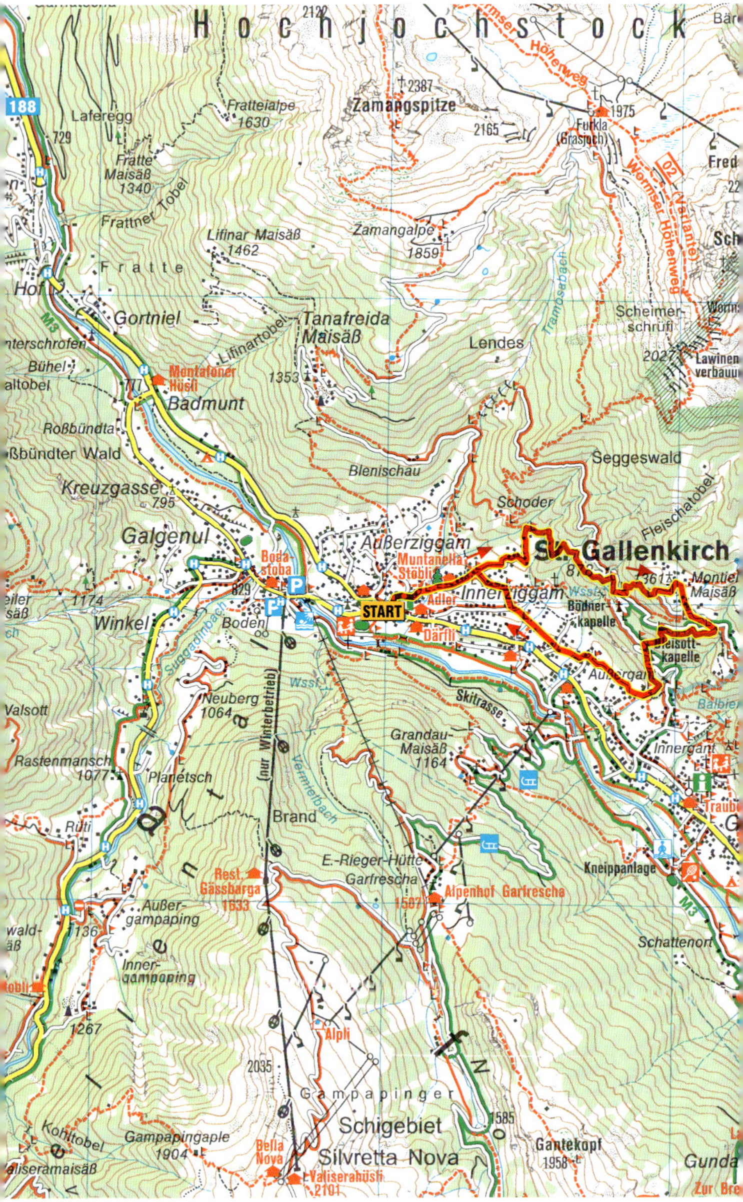
Hochjochstock
2122
Zamangspitze
2387
2165
Furkla
(Grasjoch)
1975
Wormser Höhenweg
Wormser Höhenweg (Variante)
02
Laferegg
729
188
Fratteialpe
1630
Fratte Maisäß
1340
Frattner Tobel
Lifinar Maisäß
1462
Zamangalpe
1859
Fratte
Hof
Gortniel
Tanafreida Maisäß
Lifinartobel
Trampsabach
Lendes
Scheimer-schrüfl
2027
Lawinenverbauung
Bühel
Montafoner Hüsli
Badmunt
777
1353
Roßbündta
Blenischau
Seggeswald
Kreuzgasse
795
Schoder
Fleischatobel
Galgenul
Außerziggam
Muntanella Stöbli
St. Gallenkirch
878
1361
Montiel Maisäß
Boda stoba
829
Innerziggam
Adler
START
Bödnerkapelle
1174
Winkel
Boden
Därfli
Bleisottkapelle
Außergant
Suggadinbach
Wssf.
Neuberg
1064
(nur Winterbetrieb)
Skitrasse
Valsott
Grandau-Maisäß
1164
Innergant
Rastenmansch
1077
Planetsch
Vermielbach
Traube
Brand
Rüti
E.-Rieger-Hütte
Garfrescha
Kneippanlage
Rest. Gässbarga
1633
1507
Alpenhof Garfrescha
Außer-gampaping
M3
1136
Inner-gampaping
Schattenort
1267
Alpli
2035
Gampapinger
Schigebiet
Silvretta Nova
1585
Kohltobel
Gampapingalpe
1904
Bella Nova
Valiserahüsli
2101
Gantekopf
1958
Valiseramaisäß
Gunda
Zur Bre
0
500 m

KOMPASS

M3
1360
Jhtt.
Untere Gaflunaalpe
1469
Untere Dürrwaldalpe
Jhtt.
1796
Alpguesalpe
Käferaalpe
1855
2047
1917
1957
Obere Dürrwaldalpe
Unterer
Alpguessee
Oberer
Geisterspitz
Piziguter Grat
2480
Roßbergjoch
2381
Roßberg
2305
Dreier
2321
2038
2212
1989
2478
Dürrkopf
2407
2335
2480
Dürrwalder See
Schärmsteeberg
2370
Luterseeberg
Luterseeberg
Wild-Ruhegebiet
im Winter
02
(Variante)
Wormser Höhenweg
Maderertal
2351
1878
2054
Roßberg
Tälispitze
2613
2769
Maderertäli
Valschavieler
Roßboden
Ruhegebiet
im Winter
Netzaalpe
1864
1635
Netzamaisäß
Balbierbach
2390
Augstenboden
Grat (Madererjöchle)
2251
Zapfkopf
2288
Moniggmaisäß
1354
Grappeskopf
2206
Innerberg
Bizulalpe
1824
Lawinen-
verbauung
2086
Außerberg
1811
2000
Lifinar
Valschavieler
Maisäß
1477
1862
88
921
Außerbach
Bakotta
Valschavielbach
Vand
Gibaualpe
1848
Winkel
948
Scholzweg
Außergosta
Capriola
Innergosta
Mottner Tobel
2015
Kanzel
Gaschurn
Lawinen-
Schassnergrat
2365
1300

13. Versalspitze, 2462 m

Mit Weitsicht auf und um den Gipfel

Ausgangspunkt: Partenen (Bushaltestelle und Parkplatz bei der Talstation der Tafamuntbahn), 1051m | **Charakter:** Unschwierige, aber anstrengende Rund- und Gipfeltour mit fast 1000 Meter Höhendifferenz. Steilste Passage zu Beginn auf Waldweg. Danach durch freies Gelände oberhalb der Waldgrenze. Durchwegs schmale, gut markierte Bergwege durch bewachsenes Wiesengelände, aber auch Stein- und Geröllpassagen. Gipfel unproblematisch | **Einkehr:** Alpstöbli Tafamunt, Verbellaalpe zur Alpzeit
Karten: KOMPASS Nr. 32, 41, 292

Mittel | 11 km | 920 hm / 920 hm | 5:30 Std.

Die Versalspitze zählt zum Südzipfel der Verwallgruppe und erhebt sich mächtig über Partenen, der obersten Siedlung im Montafon. Bummelt man durch den kleinen Ort, kann die nach Süden abbrechende Felswand der Versalspitze schon Respekt einflößen. Bei unserer Wanderung werden wir diesen Berg aber von einer ganz anderen Seite kennen lernen, nämlich im flachen Aufstieg von Norden her. Außer dem attraktiven Gipfel wird bei dieser Tour die Versalspitze auch großräumig komplett umrundet. Man sollte die Wanderung so früh wie möglich beginnen, um die vielfältigen Reize der Landschaft genießen zu können und trotzdem rechtzeitig zur letzten Talfahrt bei der Bergstation anzukommen.

Nach einer kurzen Fahrt mit der Tafamuntbahn beginnt der markierte Aufstieg direkt an der Bergstation hinter dem Alpstöbli. In kurzem, sehr steilem Zickzack windet sich der Pfad durch schattigen Wald empor. Bereits nach einer guten Gehstunde sind 500 Höhenmeter geschafft. Der Weg schlängelt sich nun oberhalb der Waldgrenze durch freies Gelände an riesigen Lawinenverbauungen vorbei weiter bergwärts. Auf einem Hochplateau angekommen, strebt der Pfad nun mäßiger ansteigend dem Jöchli entgegen, passiert unterwegs das große, aber verfallene **Versalhaus** und erreicht nach Querung einer kurzen Steinpassage das **Jöchli**.

Hier teilt sich der Weg. Unser nahes Gipfelziel liegt rechter Hand. Bei genussvoller Rast am Gipfelkreuz zeigen sich unzählige bekannte Größen, wie zum Beispiel der Patteriol im Verwall, Hohes Rad

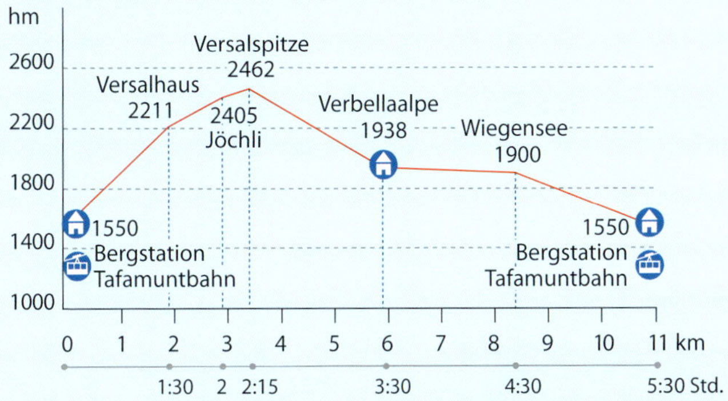

und Piz Buin in der Silvretta und Schesaplana im Rätikon. Auch die Silvretta-Hochalpenstraße mit ihren zahlreichen Kehren und die Stauseen Kops und Vermunt sind gut zu erkennen.

Nach der verdienten Stärkung und Umschau steigen wir zunächst wieder zum Jöchli ab und von dort nach rechts weiter hinunter, zuerst durch ein Steinfeld, danach über mit Alpenrosen, Heidelbeer- und Preiselbeersträuchern bewachsenen steilen Hang zur **Verbellaalpe**. Hier folgen wir der Markierung nach rechts und wandern oberhalb des Verbellabaches in sanftem Auf und Ab in eine Moorlandschaft mit kleinen Seenaugen und schließlich zum zauberhaften **Wiegensee**. Hoch über uns zeigt sich noch einmal die **Versalspitze**, die wir nun fast umrundet haben. Ein Blick auf die Uhr ist anzuraten, um die letzte Talfahrt um 16.45 Uhr nicht zu verpassen. Eine Gehstunde sollte man für die letzte Etappe einplanen.

Gipfelkreuz Versalspitze.

Grappeskopf
2206
Lawinen-
verbauung
Außerberg
1811
2086
Innerberg
Bizulalpe
1824
Valschavieler
Maisäß
1862
1477
Lifinar
Bakotta
Valschavielbach
Gibaualpe
1848
Außerbach
Vand
Winkel
948
Scholzweg
Außergosta
Capriola
Innergosta
Mottner Tobel
2015
Kanzel
Gaschurn
979
Lawinen-
verbauung
Schassnergrat
2365
Maria Schnee
Pfanges
Pfolla
Ruhegebiet
im Winter
Versalhaus
(verf.)
Lawinen-
verbauung
Rifa
Sportzentrum
Trantrauas
Außer-
Tafamuntmaisäß
(nur Sommerbetrieb)
START
1550
Tafamuntalpe
188
Rifawerk
Kletterg.
Partenen
Inner-
1501
M3
1401
Ganeumaisäß
Zerres
Motta
Kopswerk
(unterirdisch)
Partenen
1051
M3
Außerbofa
Vermuntwerk
Harzawald
Innerbofa
Im Loch
Golfhaus
1831
Neualpe
Gufelgut
1116
Loch-Golfplatz
1925
Vermuntbahn
Europatreppe 4000
Untertromenier
Mautstelle
(Wintersperre)
1732
Lawinen-
verbauung
Außertschambreu
188
2391
Obertromenier
Jhtt.
Innertschambreu
Schafbodenkopf
1884
2400
2037
Aussichtspunkt
Silvrettablick
ehemalige Höhenbahn
(im Winter Bus-
zubringerdienst
zur Bieler Höhe)
Silvretta-Hochalpen
Breitfielerberg
2417
2082
Alpila

0 500 m

M a r d u s a
NSG
Östl. Valschavielberg
Westl. Valschavielberg
Wild-Ruhegebiet im Winter
Stritkopf
2604
2623
2546
Verbellner Winterjöchli
Scheidseen
2270
518
Heilbronner Hütte
2320
Valschavielkamm
Verbellakopf
2581
Verbellabach M3
Bike Trail Tirol
Verbellnerkopf
2488
2239
Pfannensee
2323
Brüllender See
2425
Wild-Ruhegebiet im Winter
Auf der Furkla
2284
Verbellaalpe
1938
Verbellalpe
Mittl.-
Westl.-
2512
Fluhspitzen
Östl.- 2653
2641
2473
Wasserfassung
Bike Trail Tirol
1973
Fluhgrupp
Wang
Verwalla
2462
Zeinissee
1915
Alpengasthof Zeinisjoch
1822
1842
Zeinisjoch
Bike Trail Tirol
M3
Wiege
Schrofen
E.-Werk
1855
Kops
Zeinisjoch
Alpkogel
1995
Kops-Stausee
(1809)
1891
Inner-
1518
Zeinisbach
-ganifer
Außer-
1447
M3
1956
Innere Kopsalpe
Faulbrunnalpe
2033
Jausenstation
nur im Winter
Äußere Kopsalpe
Kopser Jöchle
Winterbetrieb
Birkhahnkopf
Breitspitz
2196
2203
2150
Unterstandshütte
2213
Silva-park
2671
1890
Obere-
-Vallülaalpe
Unterstandshütte
Oberer Vallülabach
2363
Saggrat
Ballunspitze
1720
Untere-
1746
Oberes Vallülatal
2498
2576
Oberer Vallülasee
Oberer Valülasee
2330
Vallülatal

14. Wiegensee, 1900 m, Zeinissee, 1915 m und Kopssee, 1809 m

Von See zu See mit Gletscherblick

Ausgangspunkt: Partenen (Bushaltestelle und Parkplatz an der Tafamuntbahn), 1051 m | **Charakter:** Bequeme Bergwanderung auf gut markierten Wegen. Anstieg zum Wiegensee, danach ohne große Höhenunterschiede zur Verbellaalpe und Abstieg zum Zeinisjochhaus | **Einkehr:** Alpstöbli Tafamunt, Verbellaalpe zur Alpzeit, Alpengasthof Zeinisjochhaus, Gasthäuser auf der Bielerhöhe | **Karten:** KOMPASS Nr. 32, 41, 292

Mittel | 8 km | 420 hm 140 hm | 3:30 Std.

Ohne große Anstrengungen bietet diese Tour eindrucksvolle Landschaftsbilder und interessante Erkenntnisse. Sie verläuft auf einem Teilstück des als Landschaftspfad ausgeschilderten und mit Infotafeln bestückten Weges.

Die **Tafamuntbahn** nimmt uns den ersten Aufstieg ab. Aus eigener Kraft geht es ab der **Bergstation** zunächst durch Wald weiter bergauf. Nach Verlassen des Waldes begeistert der Blick auf die Gipfel der Silvretta. Zum Genießen laden Aussichtsbänke auf halben Weg zwischen der Bergstation Tafamunt und dem Wiegensee ein. Von hier zeigt sich besonders eindrucksvoll, wie sich die Silvretta-Hochalpenstraße in zahlreichen Kehren hinauf zum Vermuntsee schlängelt. Dahinter ragen mit Großem Litzner und Großem Seehorn Dreitausender in den Himmel, geschmückt mit leuchtenden Firnfeldern. Ganz in der Nähe erkennen wir links des Weges das Gipfelkreuz der Versalspitze, mit etwas Glück lassen sich in den Hängen Gämsen beobachten. Bald ist der zauberhafte **Wiegensee** erreicht, der ein Bild von großer Harmonie vermittelt. Durch die schöne Hochmoorlandschaft führt der Wanderpfad nun allmählich in nördliche Richtung hinein in die weite Landschaft des Verwall. Oberhalb des Verbellabaches zieht er in sanftem Auf und Ab zur **Verbellaalpe**, die von Ende Juni bis Anfang September bewirt-

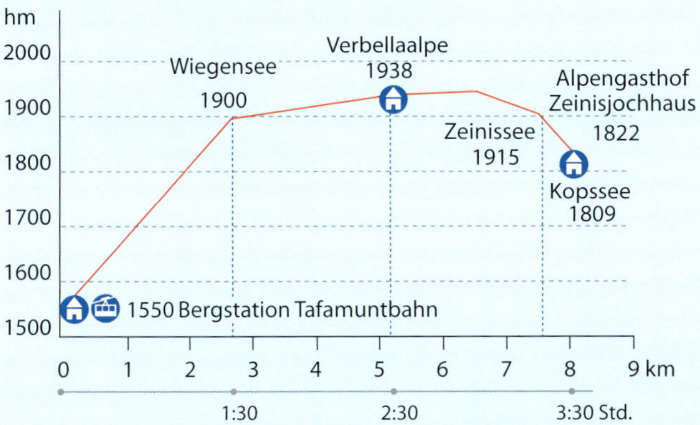

schaftet ist. Nach 5 Min. auf der Fahrstraße Richtung Kops leitet der Wegweiser den Wanderer links hinauf Richtung Zeinisjoch. Einige Höhenmeter gilt es noch zu bewältigen, danach wandern wir nahezu eben durch eine typische Krummholzzone. Die weite Landschaft ist bewachsen mit Latschen, Wacholder, Alpenrosen, Heidekraut, Heidelbeer- und Preiselbeersträuchern und verwöhnt mit Aussichten auf Breiten Spitz, Vallüla und Ballunspitze. Unvermittelt rückt der überraschend große **Zeinissee** ins Blickfeld. Friedliche Stille liegt über dem See, an dem wir etwas oberhalb vorbei wandern. Von hier wird der dritte See in der Runde auf einem Schotterweg bergab erreicht. Der **Kopssee** ist ein Speicher zur Gewinnung von Hochleistungsstrom, dem „Weißen Gold" Vorarlbergs. Zu einer gemütlichen Einkehr am alten Übergang ins Paznaun lädt das geschichtsträchtige **Zeinisjochhaus** ein. Zurück zur Talstation der Tafamuntbahn in **Partenen** gelangt man von hier mit dem Bus bis zur Bielerhöhe und weiter mit der Buslinie 85.

Am Wiegensee; Bild links: Blick auf die Silvretta-Hochalpenstraße.

KOMPASS

0 500 m

Mardusa
NSG
Wild-Ruhegebiet im Winter
Östl. Valschavielberg
Westl. Valschavielberg
2546
2623
Stritkopf
2604
2270
Scheidseen
Verbellner Winterjöchli
518
02
(Variante)
Friedrichs
Heilbronner Hütte
2320
Jöchligrat
2626
Valschavielkamm
Verbellakopf
2581
Verbellabach
M3
2708
Grüne Grat
Bike Trail Tirol
Verbellnerkopf
2488
2239
Pfannensee
2323
Brüllender See
2425
Wild-Ruhegebiet im Winter
Schrottenkop
2890
Auf der Furkla
Verbellaalpe
1938
Verbellalpe
Fluhspitzen
Östl. 2653
Östliche Fluhsp
Mittl. 2512
Westl. 2473
2641
Fädner Schar
2673
Verwallalpe
Wasserfassung
Bike Trail Tirol
1973
Fluhgruppe
Wang
Verbellabach
M3
Zeinissee
1915
Alpengasthof Zeinisjoch 1822
1842 Zeinisjoch
Bike Trail Tirol
E.-Werk
1855
Kops
Zeinisjoch
Alpkogel
1995
Bike Trail Tirol
Zeinisbach
Muttelb
2044
Kleinzei
Inner-ganifer
1518
Zeinisbach
Kops-Stausee
(1809)
M3
1956
Innere Kopsalpe
Faulbrunnalpe
2033
Dreiländ
Wirler
Jausenstation
Äußere Kopsalpe
nur im Winter
Winterbetrieb
Kopser Jöchle
Birkhahnkopf
Breitspitz
2196
2203
2150
Unterstandshütte
2213
Silva-park
Pumpwerk
Pritzenalp 1694
1890
Obere-Vallülaalpe
Unterstandshütte
Oberer Vallülabach
2363
Saggrat
2671
Ballunspitze
1720
Oberes Vallülatal
2498
2576
Mautstelle (Wintersperre)
Oberer Vallülasee
Oberer Valülasee
2330
Silvretta-Hochalpenstr
Budi
Sedel

15. Gantekopf, 1958 m

Weitblicke und Talansichten

Ausgangspunkt: St. Gallenkirch (Bushaltestelle und Parkplatz bei der Talstation des Garfrescha-Sessellifts), 878 m | **Charakter:** Von der Bergstation des Garfrescha-Sessellifts steiler, aber durch Stufen angenehmer Aufstieg auf schmalem Pfad zum Gantekopf. In leichtem Auf und Ab vom Gipfel bis zur Bergstation der Versettla-Bahn. Benutzung der Gondelbahn bergab ins Tal. Von der Talstation in Gaschurn auf dem Illweg nahezu eben am Flussufer entlang zurück zum Ausgangspunkt | **Einkehr:** Alpenhof Garfrescha, Brunellawirt, Berggasthof Nova Stoba | **Karten:** KOMPASS Nr. 32, 292

Mittel | 8,75 km | 550 hm 110 hm | 3:45 Std.

Durch die Benutzung von zwei Bergbahnen halten sich die Höhendifferenzen bei dieser Tour in Grenzen. Und dennoch könnten die Eindrücke nicht gegensätzlicher sein. Dem Panoramahöhenweg schließt sich eine gemütliche Talwanderung an und führt so zu einer reizvollen Rundtour.

Mit dem Doppelsessellift schwebt man zum Maisäß **Garfrescha**. In aussichtsreicher Lage befinden sich ein Hotel, ein Gasthof und die als Ferienhäuser genutzten ehemaligen Maisäßhütten. Der Wegweiser mit der Bezeichnung Gantekopfweg leitet am Alpenhof Garfrescha vorbei über einen Wiesenhügel hinauf und in den Wald. Die Steilheit des Geländes wird gemildert durch Stufen, gebildet aus dickem Wurzelwerk und angebrachten Steinen. So ist die Weißplatte bald erreicht und damit eine freie, aussichtsreiche Hochfläche. Begrünt von Wacholder, Heidelbeer- und Preiselbeersträuchern und je nach Jahreszeit rot leuchtend durch Alpenrosen oder Heidekraut führt der Panoramaweg entlang des Bergrückens zum **Gantekopf**.

Nach einem letzten Anstieg lassen sich am Gipfel mit Ruhebänken nochmals die Ausblicke ins Montafoner Tal und in die Bergwelt der Verwall-Gruppe genießen. In leichtem Auf und Ab zieht der Höhenweg weiter durch Zwergstrauchvegetation zur Bergstation der Versettlabahn mit dem trotz seiner Größe gemütlichen Bergrestaurant **Nova Stoba**. Unübersehbar das ausladende Skigebiet Silvretta Nova. Bequem geht es mit der Gondel

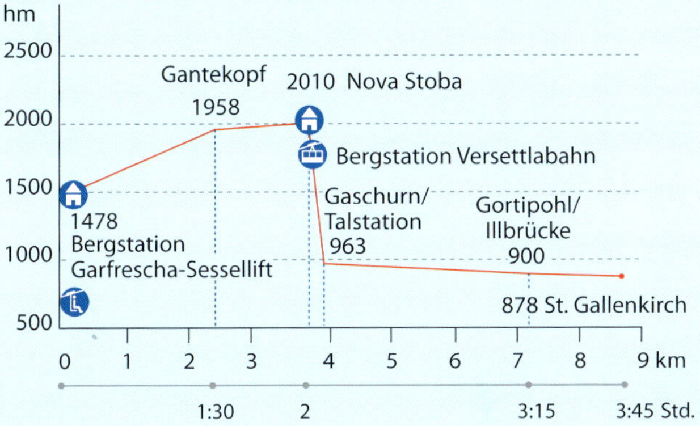

der **Versettlabahn** zur Talstation in **Gaschurn**. Hier überqueren wir die Fahrstraße und über eine Brücke die Ill und wandern am rechten Ufer entlang auf dem Illweg Richtung Gortipohl.

Bis zum Freizeitpark Mountain Beach ist der Illweg ein asphaltierter, kombinierter Rad- und Wanderweg, danach zweigt der reine Wanderweg links ab. Bis zu den ersten Häusern von **Gortipohl** führt der schöne Pfad weiter am rechten Illufer entlang, bevor er über eine Brücke an das linke Ufer wechselt. Die in den Gletschern der Silvretta entspringende Ill (der Name wird von ilara = die Eilige abgeleitet) hat hier schon eine beachtliche Stärke erreicht. Sie durchfließt das Montafon und wird bis zu ihrer Mündung in den Rhein durch etliche Zuflüsse aus beiden Seiten des Haupttales noch erheblich anwachsen. Das Rauschen des klaren Bergwassers begleitet den Wanderer bis zum baldigen Erreichen des Ausgangspunktes.

Talblick vom Gantekopf.

Badmunt
Roßbündta
Roßbündter Wald
Kreuzgasse
795
Blenischau
Seggeswald
Schoder
Fleischatobel
Galgenul
Boda-stoba
Außerziggam
Muntanella Stöbli
St. Gallenkirch
878
1361
829
Adler
Innerziggam
Bödner-kapelle
1174
Winkel
Boden
Därfli
Bleisott-kapelle
Außergant
Neuberg
1064
(nur Winterbetrieb)
Skitrasse
Grandau-Maisäß
1164
Rastenmansch
1077
Planetsch
Innergant
Brand
Vermielbach
Rüti
E.-Rieger-Hütte
START
Garfrescha
Kneippanlage
Rest. Gässbarga
1633
Alpenhof Garfrescha
1507
Außer-gampaping
1136
Schattenort
Inner-gampaping
1267
Alpli
2035
Gampapinger
Schigebiet
Silvretta Nova
1585
Gantekopf
1958
Kohltobel
Gampapingaple
1904
Bella Nova
Valiseraholli
2101
Valiseramaisäß
Mittelmaisäß
Alpe
Gaschurner Sattel
Valiseraaple
1588
Gampapinger
2222
Kiosk
Nova Stoba
Lawinenverba
Berg
2250
1736
Alpe Nova
1910
Burg
2247
1824
Schwarzkopf
2370
2104
Knappabergli
2552
2311
Valiserakopf
2515
Versettla
2449
1934
2372
Mittagsspitze
Seressee
Zollwa
KOMPASS
0
500 m

Wild-Ruhegebiet im Winter
Luterseeberg
Tälispitze
Valschaviel
Wormser Höhenweg
02 (Variante)
Roßberg
Netzaalpe
Netzamaisäß
Roßboden
Ruhegebiet im Winter
Balbierbach
Augstenboden
Grat (Madererjöchle)
Madererali
Zapfkopf
Moniggmaisäß
Grappeskopf
Innerberg
Bizulalpe
Lawinenverbauung
Außerberg
Sasarscha
Silvretta
188
Außerbach
Vand
Lifinar
Bakotta
Valschavielbach
Valschaviel Maisäß
Gibaualpe 1848
Winkel
Scholzweg
Mountain-Beach-Erlebnisbad
Außergosta
Gantekopf
Capriola
Innergosta
Mottner Tobel
Hütta
Kanzel
Gaschurn
Schassnergrat
Versettla
Maria Schnee
Pfanges
Pfolla
Rifa
Ruhegebiet im Winter
Sportzentrum
Trantrauas
Schwizerhüsli
Außer-Tafamuntmaisäß
(nur Sommerbetrieb)
Fenggatobel
Garneraschlucht
Rifawerk
Klettersg. Partenen
Inner-
Tafamuntbahn
Tafamuntalpe
Ganeumaisäß
Zerres
Motta
Kopswerk (unterirdisch)
Außerbofa
Vermuntwerk
Partenen
Harzawald
Innerbofa
Neualpe
Gufelgut
M3

16. Madrisella, 2466 m (Versettlaweg)

Panoramahöhenweg der Spitzenklasse

Ausgangspunkt: Gaschurn (Bushaltestelle und Parkplatz bei der Talstation der Versettlabahn), 963 m | **Charakter:** Hochgebirgstour auf schmalen Bergpfaden. Auf- und Abstiege teils steinig und über Felsblöcke. Etwas Bergerfahrung und Trittsicherheit erforderlich. Bei Nebel nicht zu empfehlen. Der Gipfel der Madrisella kann umgangen werden | **Einkehr:** Alpe Nova, Restaurant Nova Stoba | **Karten:** KOMPASS Nr. 41, 292

Mittel | 10,25 km | 740 hm 740 hm | 4:45 Std.

Mit der **Versettlabahn** erreichen wir mühelos die 2000-m-Grenze. Nun beginnt einer der schönsten Höhenwege des Montafons.
Gleich bei der **Bergstation** geht es steil und steinig über einige Felsstufen hinauf zur **Versettla**, dem ersten Aussichtspunkt. Der Anstiegsweg dorthin zieht in südliche Richtung und bietet Talblicke auf Gaschurn und Partenen und Weitblicke in die gegenüberliegende Verwallgruppe mit der auffallenden Berggestalt des Patteriols. Die Szenerie am Weg wechselt ständig.
Je höher wir steigen, umso deutlicher rücken die firnglänzenden Berge der Silvretta ins Bild. Tief unten erkennt man den Garnerabach, der nahe der Tübinger Hütte seinen Ursprung hat und das ursprüngliche Garneratal durchfließt. Wir erreichen den aussichtsreichen breiten Grasboden **Versettla** und folgen nun dem Matschuner Gratweg. Zunächst über einen Höhenrücken nahezu eben und schließlich über einen letzten Steilaufschwung gelangt man zum Gipfelkreuz der **Madrisella**. Die grandiose Aussicht wiegt alle Anstiegsmühen auf. Wer zählt die Gipfel, nennt die Namen? Besonders eindrucksvoll ist der Blick auf die unzähligen Zacken, Kuppen, Grate und Firnfelder der Silvretta. Am Ende des kleinen Abstieges von der Madrisella stößt man wieder auf den Wanderweg, auf dem der Gipfel umgangen werden kann. Eingebettet in bunte Bergmatten liegen zahlreiche Seenaugen. Unvergesslich bleibt das Panorama auf dem folgenden schmalen Bergpfad, der wie auf einer großen Aussichtsterrasse in hochalpiner Landschaft zum Matschuner Joch zieht. Vom **Matschuner Joch**, einem Knotenpunkt für Wanderer, kann die nahe

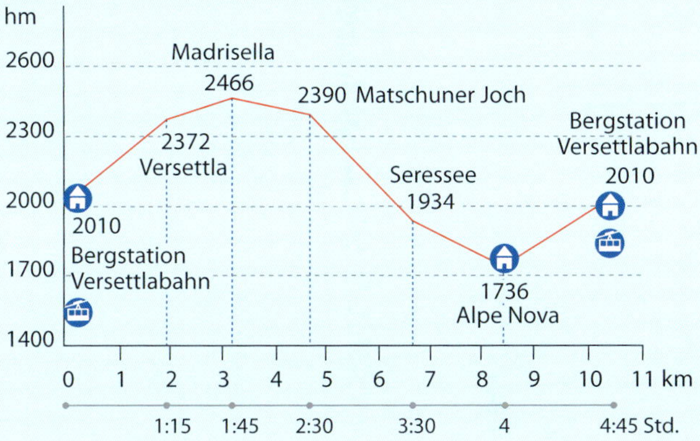

Heimspitze bestiegen werden. Auch Übergänge ins Gargellental und Garneratal sind von hier möglich. Wir steigen nach rechts in das von der mächtigen Heimspitze überragten Novatäli ab. Mit etwas Glück lassen sich an den gegenüberliegenden Hängen der Matschunerköpfe und der Madrisella Gämsen beobachten. Steil und steinig geht es bis hinunter zum **Seressee**. Je nach Jahreszeit bahnt sich das Wasser aus allen Richtungen seinen Weg ins Tal und wird als Vermielbach bei St. Gallenkirch in die Ill münden. Am jungen Bergbach entlang erreichen wir die **Alpe Nova**, bei der die Milch vor Ort zu „Sura Kees" (Montafoner Käsespezialität) verarbeitet wird. Hier führt der Weg nach rechts über das rauschende Wasser und wieder ansteigend zur **Bergstation der Versettlabahn**, die uns zurück ins Tal bringt.

Am Versettlaweg.

E.-Rieger-Hütte
Garfrescha
Alpenhof Garfrescha
1567
Kneippanlage
Rest. Gässbarga
1633
Außer-gampaping
Inner-gampaping
1136
1267
Schattenort
Alpli
2035
Gampapinger
Schigebiet
Silvretta Nova
1585
Gantekopf
1958
Gampapingaple
1904
Bella Nova
Valiserahüsli
2101
Kohltobel
Valiseramaisäß
Mittelmais
Alpe
Gaschurner Sattel
START
Valiseraaple
1588
Gampapinger
2222
Kiosk
Nova Stoba
Lawinenverba
Berg
2250
1736
Alpe Nova
1910
Burg
2247
1824
Schwarzkopf
2370
2104
Knappabergli
2311
2552
2515
Versettla
2372
Valiserakopf
2449
1934
Zollwa
Seressee
Mittagsspitze
2665
Valiseraspitze
2716
2606
2685
Heimspitze
Zwischenspitze
2661
Valisera-jöchli
Edelweis-wände
2466
Madrisella
2177
Matschuner Gratweg
Heimbühl
2540
Matschunerköpfe
2426
2249
02
302
Vergaldabach
Matschuner Joch
2425
1820
Vergaldaple
2521
Matschun
Schafberg
2423
Matschuner Jöchli
Roßberghütte
2201
Kuchenberg
0
500 m

KOMPASS

188
Außerbach
Vand
Winkel
V a l s c h a v
Lifinar
Bakotta
Valschavielbach
Valschavieler Maisäß
1477
1862
Gibaualpe 1848
Scholzweg
948
921
Mountain-Beach-Erlebnisbad
Gantekopf
Hütta
Außergosta
Capriola
Innergosta
Mottner Tobel
2015
Kanzel
Gaschurn
979
Lawinenverbauung
Schassnergrat
2365
1300
Versettla
Maria Schnee
Pfanges
Pfolla
Ruhegebiet im Winter
Lawinenverbauung
Rifa
Sportzentrum
Trantrauas
Schwizerhüsli
Außer-Tafamuntmaisäß
(nur Sommerbetrieb)
Tafamuntbahn
Rifawerk
Klettergarten Partenen
Inner-1501
1550
Tafamuntalpe
Fenggatobel
Garneraschlucht
Wssf.
M3
1401
Ganeumaisäß
Zerres
Motta
Kopswerk (unterirdisch)
Außerbofa
Vermuntwerk
Partenen
1051
Harzawald
Innerbofa
1831
Neualpe
1900
1925
Gufelgut
Tschambreubach
Vermuntbahn
Europatreppe 4000
9 Loch-Golfplatz
Mautstelle (Wintersperre)
Untertromenier
1732
Lawinenverbauung
Außertschambreu
2391
Schafbodenkopf
1884
2400
Jhtt.
Innertschambreu
Obertromenier
Tschambreutal
Aussichtspunkt Silvrettablick
2037
ehemalige Höhenbahn (im Winter Buszubringerdienst zur Bieler Höhe)
Äußere Alpila
Breitfielerberg
2417
Alpilakopf
2345
2350
2082
Schafbodensattel
Sandgratsattel
2538
2360
Tschambreuspitze
1687
Die Höllen
Unterv
2605
Innere Alpila
Strittkopf
2745
1747

17. Ganeumaisäß

Spaziergang ins ursprüngliche Garneratal

Ausgangspunkt: Gaschurn (Bushaltestelle und Parkplatz an der Talstation der Versettlabahn), 963 m | **Charakter:** Bequeme Halbtagestour ausschließlich auf breiten Güterwegen. Unwesentlicher Aufstieg von der Mittelstation nach Lifinar, danach nur noch bergab | **Einkehr:** Keine | **Karten:** KOMPASS Nr. 32, 292

Leicht | 6,25 km | 130 hm 650 hm | 2 Std.

Zu Beginn oder Ende der kleinen Wanderung könnte man den Besuch der kunsthistorisch wertvollen Kapelle Maria Schnee in Gaschurn einplanen. Hier befindet sich auch der Parkplatz neben der Talstation der **Versettlabahn**. Mit der Umlaufgondel lassen wir uns bequem und schnell zur **Mittelstation** bringen. In unmittelbarer Nähe liegt der kleine Rehsee idyllisch im Wald. In entgegengesetzter Richtung zeigt die Wegtafel nach Lifinar und Ganeu. Durch lichten Wald, der Ausblicke ins Tal und die angrenzenden Berge zulässt, wandern wir auf einem breiten Güterweg bis zur Abzweigung nach **Lifinar**.

Der Abstecher von 5 Minuten zu den Maisäßhütten und Heuhütten gewährt Einblicke ins vordere Garneratal. Zurück von dem kurzen Abstecher geht es nun auf weiterhin breitem Weg hinab ins Tal des Garnerabaches und hier nach links zum **Ganeumaisäß**.

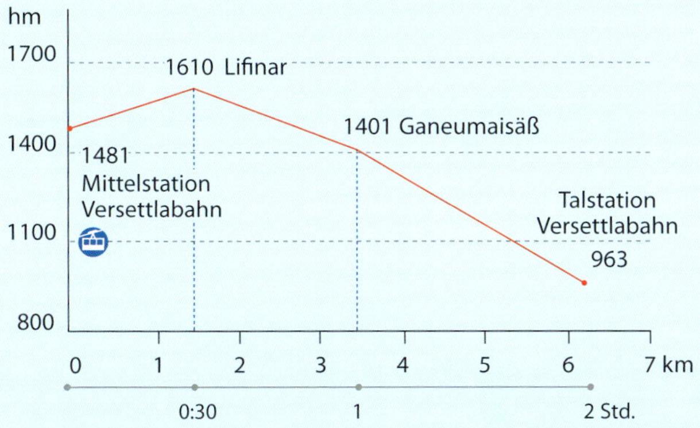

Diese Siedlung aus uralten, sonnenverbrannten und schindelgedeckten Holzhütten und einer winzigen Kapelle zeugt von einer alten bäuerlichen Kultur und wirkt äußerst malerisch.

Als abenteuerliche Alternative zweigt hier der Weg nach links in den Fenggatobel ab. Die Garneraschlucht gilt als die großartigste Schlucht des Montafons. Für den wildromantischen Weg mit Wasserfall sollte festes Schuhwerk und trockene Witterung gewählt werden.

Wir wählen den sicheren, breiten Abstiegsweg, der nach den Weideflächen von **Ganeu** in den Wald eintaucht und in vielen Serpentinen hinunter ins Tal und zurück zum Ausgangspunkt leitet.

Ganeumaisäß – im Bild links mit Madrisella im Hintergrund.

KOMPASS

0 500 m

Gallenkirch
Montiel-Maisäß
1361
Hüttnertobel
1635
Netzamaisäß
Netzaalpe
1854
Roßboden
Ruhegebiet im Winter
Balbierbach
Bleisott-kapelle
Außergant
Augstenboden
Zapfkopf
2288
Moniggmaisäß
1354
Balbier-Wssf.
Grappeskopf
2206
Innergant
Sasarscha
Lawinen-verbauung
Außerberg
2086
Traube
Gortipohl
906
1811
Kneippanlage
Silvretta
M3
188
Schattenort
Bahnw.
921
Außerbach
Lifinar
Bakotta
Valschavielbach
Vand
Winkel
948
Scholzweg
Mountain-Beach-Erlebnisbad
Außergosta
Gantekopf
Capriola
Innergosta
Mottner Tobel
2015
Lamm Hütta
Kanzel
Gundalatscherberg
Gaschurn
979
Lawinen-verbauung
Zur Brez'n
Rehsee
1300 Versettla
Mittelmaisäß
START
Maria Schnee
Pfanges
Pfolla
Rifa
Lawinenverbauung
Sportzentrum
Trantrauas
Außer-Tafamuntmaisäß
Schwizerhüsli
Fenggatobel
Garneraschlucht
Wssf.
Rifawerk
Kletterg. Partenen
Burg
2247
Lifinar-maisäß
1401
Ganeumaisäß
Zerres
Motta
Außerbofa
Vermuntwerk
Harzawald
Innerbofa
Versettla
2372
Zollwachhütte
1570
1831
Neualpe
1600
Garnerabach
1925
Tschambreubach
Vermuntbahn
Europatreppe 4000
1732
Außertschambreu
Lawinen-

18. Saarbrücker Hütte, 2538 m

Aussichtsloge mit Gletscherblick

Ausgangspunkt: Bielerhöhe (Bushaltestelle und Parkplatz), 2037 m | **Charakter:** Unschwierige hochalpine Tour. Anstieg auf gut markierten Pfaden, zum Schluss steiler Abkürzungssteig zur Hütte. Erster Teil des Rückweges auf Güterweg, ab Standort Kromerbach auf schmalem Bergweg | **Einkehr:** Saarbrücker Hütte, Madlenerhaus, Gasthäuser auf der Bielerhöhe | **Karten:** KOMPASS Nr. 41, 292

Mittel | 13,75 km | 710 hm 710 hm | 6 Std.

Bereits beim Ausgangspunkt der Tour, dem Scheitelpunkt der Silvretta-Hochalpenstraße, wandert der Blick über den Stausee hinweg in die Dreitausender der Silvretta. Auch wenn dem Bergwanderer die eindrucksvolle Hochgebirgsszenerie unnahbar erscheinen mag, so ist die Saarbrücker Hütte doch ein leicht erreichbares Ziel und mit ihrem alpinen Ambiente ein Glanzpunkt in der Silvretta.

Von der **Bielerhöhe** geht es zunächst kurz hinunter zum **Madlenerhaus**. Weiter bergab wird die junge Ill überquert, und der allmähliche Aufstieg beginnt. Beim Standort **Großvermunt** lenkt eine Wegtafel nach links. Über Steinfelder und durch niederes Buschwerk steigt der Bergweg in angenehmem Steigungsgrad hinauf, das gewaltige Massiv des Hochmaderer stets im Blickfeld. Der Weiterweg über die Hochfläche der Tschifernella quert blumenreiche Bergmatten, kleine Geröllfelder und Bergbäche und wendet sich immer stärker nach Süden. Auf einer grasigen Bergnase wird erstmals das Tagesziel sichtbar, die auf einem Felssporn stehende **Saarbrücker Hütte**. Mit jedem Höhenmeter wird der Blick auf Firn und Fels gewaltiger.

Angesichts der prächtigen Kulisse führt der Weg an zwei zauberhaften Seenaugen vorbei und senkt sich wenig später hinunter zum alten Gletscherbett, den „Schwarzen Böden“. Auf einer Brücke überqueren wir einen der beiden Kromerbäche und erreichen an diesem rechts hinauf über eine Gletschermoräne auf einem markierten Abkürzungssteig die höchstgelegene Alpenvereinshütte der Silvretta. Nicht nur die Lage auf dem Bergsporn des Kleinen Litzner ist faszinierend, auch der Baustil der 1911 erbauten Hütte aus Stein und Holzschindeln begeistert. Die kleine Sonnenterrasse bietet den frontalen

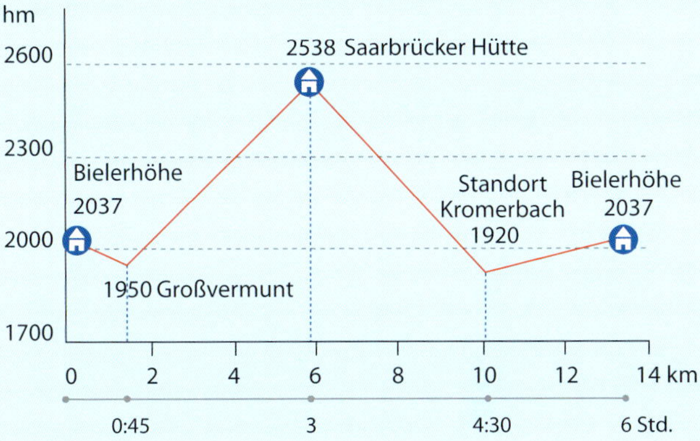

Blick auf die steil aufragenden Nordflanken von Großlitzner und Großem Seehorn mit ihren kleinen Gletschern und damit ein unvergessliches, hochalpines Bild.

Für den Abstieg wählen wir den Hüttenversorgungsweg und wandern auf der Höhe des Bachbettes nach links weiter über die „Schwarzen Böden". Die beiden milchig weißen Gletscherbäche vereinen sich zum munteren Kromerbach, dem wir durch das Kromertal bergab bis zum **Standort Kromerbach** folgen. Hier zeigt der Wegweiser zur Bielerhöhe nach rechts. In sanftem Auf und Ab schlängelt sich der markierte Pfad durch das Großvermunt, stößt wieder auf den Anstiegsweg und bleibt bis kurz vor dem Madlenerhaus auf der rechten Seite der jungen Ill. Nach deren Überquerung gelangt man am **Madlenerhaus** vorbei über einige Stufen wieder hinauf zur **Bielerhöhe**.

Saarbrücker Hütte mit Großlitzner und Großem Seehorn.

Tschambreuspitze
Die Höllen
Vermunt-stausee
(1743)
Schweizer Vermunt
Obervermuntwerk
1753
Lawinenverbauung
Maderer Täli
Große Vermuntalpe
Schattenkopf
Kresperspitze
Krespersharte
Kresp
Bielerkopf
Ombrometer
Silvrettahaus
Vermuntalpe
Madlenerhaus
START
Silvretta-hütte (TVN)
Bielerhöhe
2037
Soppa
188
02
Tschifernella
Kromerbach
Zollwachhütte
2220
Ombrometer
Lobtäli
Kleine Lobspitze
Vordere Lobspitze
Lobspitzen
Mittlere Lobspitze
Lobturm
Lobsattel
Hintere Lobspitze
Schwarze Böden
Kleinlitzner
Saarbrücker Hütte
2538
Silvretta-Stausee
(2030)
Verhupfgletscher
Litzner Gletscher
Glötterspitze
Seehorn
Verhupfspitze
Litznersattel
Großlitzner
Glöttergletscher
Winterberg
Verhupftäli
Klostertaler Bach
Klostertaler Umwelthütte
2366
Kleine Schattenspitze
Kleine Egghörner
Sonntagspitze
Winterlücke
Schwarze Wand
Klosterpass
Klostertaler-Egghorn
Ober Silvretta
Schattenspitz-
KOMPASS
0 500 m

Kresperscharte
Bielerspitze
Maißboden
Bielerkopf
Große Vermuntalpe
Ombrometer
Silvrettahaus
Piz Buin
Vermuntalpe
START
Madlenerhaus
Silvretta-hütte (TVN)
Silvrettasee
Bielerhöhe
2037
Engadiner Hütte
1897
Hennespitze
Silvretta-
Stausee
(2030)
Großvermuntalpe
Runder Kopf
Weißer Bach
Bieltalbach
Kleine Lobspitze
Radkopf
Hohes Rad
Radschulter
Radsee
Radsattel
Kleine Schattenspitze
Kleine Egghörner
Bieltalkopf
Klostertaler-Egghorn
Schattenspitz-
gletscher
Rauher-Kopf-Gletscher
Wiesbadener Hütte
2443
Zollwachhütte Ochsental
Schattenspitze
Klostertaler Gletscher
Schneeglocken-
gletscher
Illursprung
Tiroler Gletscher
Schneeglocke
Grüne Kuppe
Vermuntkopf
Rotfluh
Rotfluh-lücke
Knoten
Silvrettahorn
T T A G R U P

19. Wiesbadener Hütte, 2443 m

Zum Ursprung der Ill

Ausgangspunkt: Bielerhöhe (Bushaltestelle und Parkplatz), 2037 m | **Charakter:** Unschwierige Hochgebirgstour auf gut markierten Wegen. Aufstieg überwiegend mäßig steil, lediglich der Schlussanstieg zum Radsattel steiler. Abstieg von hier zu Beginn steil und steinig, danach bequem durch das Bieltal talauswärts | **Einkehr:** Wiesbadener Hütte, Gasthäuser auf der Bielerhöhe | **Karten:** KOMPASS Nr. 41, 292

Mittel | 15 km | 720 hm / 720 hm | 5:30 Std.

Wasser als Lebensader ist auf dieser Wandertour stets zugegen. Den Auftakt bildet der Silvretta-Stausee auf der Passhöhe der Silvretta-Hochalpenstraße. Erst mit dem Bau des Wasserspeichers der Ill-Werke wurde 1953 das Vorarlberger Montafon mit dem Tiroler Paznauntal durch eine Panoramastraße verbunden.
An der Wasserscheide zwischen Rhein und Donau beginnt die Wanderung über die westliche Staumauer und auf breitem Weg am rechten Ufer des Stausees entlang bis zu seinem Südende. Die Ill ist auf ihrem kurzen Weg bis hierher schon kräftig angewachsen und wird am Ende des Silvretta-Stausees auf einer Brücke überquert. Das milchig-weiße Wasser, das seine Farbe durch die Abreibung von feinstem Gesteinsmehl erhält, nennt man Gletschermilch. Kurzweilig geht es gemächlich ansteigend, später zunehmend steiler durch das Ochsental zur **Wiesbadener Hütte**. Für Abwechslung auf dem Hüttenanstiegsweg sorgt einmal die Ill als ständiger Begleiter, zum anderen das Panorama des Talschlusses mit dem immer näher rückenden majestätischen Piz Buin und dem Ochsentaler Gletscher.

Bei der Alpenvereinshütte angekommen, liegt der Ursprung der Ill unmittelbar vor uns, geboren aus den Silvretta-Gletschern, um wichtiger Energiespender zu werden. Gleich hinter der Hütte beginnt der Edmund-Lorenz-Weg, der zum Radsattel führt. Wir folgen der weiß-rot-weißen Markierung auf zunächst steilem Pfad zu einer weiten aussichtsreichen Hochfläche empor.

Diese überquert man in anregendem Auf und Ab und gelangt in einem letzten Steilaufschwung zum **Radsattel**. Der Ausblick von hier ist grandios. Wie viele der 74 Dreitausender der Silvretta-Gebirgsgruppe

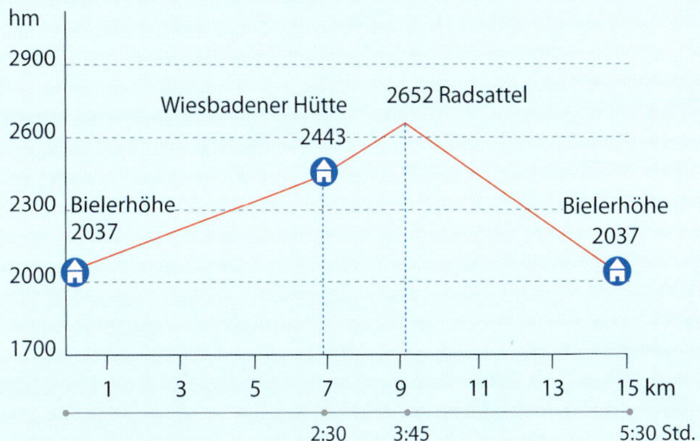

Tourenkarte S. 91

man wohl hier erblickt? In urtümlicher Landschaft ohne Bergbahnen und Skilifte ragen graugrün und rostrot schroffe Felsgrate aus grünen Matten empor. Dahinter schimmern die weißen Firnfelder und imposanten Gletscher so bekannter Silvrettagipfel wie Klostertaler Egghorn, Schneeglocke, Silvrettahorn, Signalhorn und Piz Buin. Ein hochalpines harmonisches Bild aus Fels und Firn. Der Abstieg vom Radsattel ins Bieltal überwindet zu Beginn bereits einen Großteil an Höhenmetern in steinigem Gelände. Bevor rechts kleine Seen und Feuchtgebiete liegen, ist das Fels- und Geröllfeld schon durchquert. Als größerer See liegt links des Weges auf einer Anhöhe der Radsee in grüne Wiesen gebettet. Nun ist bald das Bieltal erreicht.

Mit dem munteren Bieltalbach wandern wir talwärts und folgen der Markierung zum Staudamm des Silvrettasees hinab, auf dem es zum Ausgangspunkt zurückgeht.

Wiesbadener Hütte.

20. Rellseck, 1487 m

Einkehr auf der Sonnenseite

Ausgangspunkt: Bartholomäberg (Parkplatz und Bushaltestelle bei der Kirche), 1087 m | **Charakter:** Unschwierige und abwechslungsreiche Wanderung abwechselnd auf gut markierten Anliegersträßchen, Wiesen- und Waldwegen. Jeweils über 600 m Auf- und Abstieg | **Einkehr:** Gasthof Rellseck | **Karten:** KOMPASS Nr. 32, 292

Leicht | 7,75 km | 600 hm 600 hm | 2:45 Std.

Auf einem wahren Sonnenbalkon liegt das alte Walserdorf **Bartholomäberg**. Zwischen der weithin sichtbaren Kirche mit dem imposanten grünen Zwiebelturm und dem Seniorenheim beginnt der Aufstieg. Wir folgen den Wegtafeln „Histor. Bergwerk" und „Fritzensee" nach rechts hinauf und weiterhin über den Lindaweg, von dem der Wanderweg erneut nach rechts abbiegt. Nach Durchquerung des kleinen Fichtenwaldes empfängt den Wanderer eine zauberhafte Lichtung mit Holzhütten auf sattgrünen Alpböden. Hier steht auch das historische Bergwerk mit dem zugänglichen alten **St.-Anna-Stollen**. Während der Öffnungszeiten können hautnah die harten Arbeitsbedingungen der Bergknappen nachempfunden werden.

Nach weiteren 10 Min. über Wiesen hinauf ist der **Fritzensee** erreicht. Hier halten wir uns rechts und wandern auf einem Forststräßchen immer weiter bergauf Richtung Monteneu und Wannaköpfle. Die Markierung ist eindeutig, so dass wir die immer großartiger werdende Aussicht genießen können. Allen voran ziehen auf der gegenüberliegenden Seite die bizarren Drei Türme den Blick auf sich. Links werden sie von der mächtigen Sulzfluh flankiert, rechts von der Drusenfluh. Der Standort **Jagdhütte** wird zuletzt nach einem steilen Aufstieg über einen Wiesenpfad

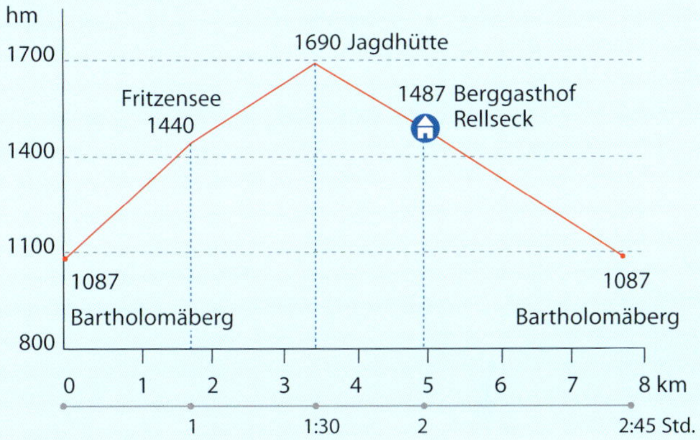

erreicht. Von diesem höchsten Punkt der Wanderung geht es durch bunte Wiesenhänge hinunter zum Rellseck, die markante Pyramide der Zimba und die gletschergeschmückte Schesaplana immer im Blick. Die schöne Terrasse des **Berggasthofes Rellseck** lädt zu einer Stärkung in großartiger Kulisse ein. Der Weg zurück nach Bartholomäberg ist nicht mehr weit. Bei der nahen schindelgedeckten Kapelle führt er nach links. Auf einem Teilstück des mit Infotafeln gespickten geologischen Wanderweges wandern wir nun auf bequemem Pfad durch aufgelockerten Nadelwald bergab.

Dort wo ein kleiner Verbindungsweg wieder zum Fritzensee links abzweigt, hält man sich weiter geradeaus Richtung **Bartholomäberg** und kommt über die Parzelle Linda, ganz zum Schluss wieder auf Anliegersträßchen, zur Kirche zurück.

Alpengasthof Rellseck; Bild links: Am Bergknappenweg.

KOMPASS

0 500 m

Mühleplatz
Gavril
Braz-Ost
Gatschief
728
E.-Werk
Zwölferkopf
1843
1881
Davennaspitze
Spitzgrat
1908
Lafonsalpe
Lawinenverbauung
Gräntalkopf
1796
Alplegi
1638
Sonntagskopf
2032
Itonskopfgruppe
Verbleialpe
1802
Itonskopf
2089
Alpilakopf
2030
Valleu
Graves
1168
Graveser Tobel
2032
Alpila
Schattwald
Geolog. Lehrwanderweg
Wennaköpfle
1800
Obere Wiese
Relles
START
Rellsee
1487
1883
Monteneu
M2, M3
1526
Torasee
Fritzasee
Botzis
Lutt
Worms
St. Anna-Stollen
Sassella
975
Bergknappenweg
Bartholomäberg
1087
Fritzendobel
Filters
Berger Hof
Dorf
Riederhof
Mautstelle
Fernblick 1107
Gantschier
Klettergarten Wiesengrund
Hölle
780
1029
Fischerstöbli
Tavon
Kaltenbrunnen
Daneu
Litz
Kloster Gauenstein
650
Montjola
Brif
Krista
Montafoner Bahn
Krankenhaus
669
Schruns
690
Tschagguns
687
Kropfen 1375
Hochjochbahn
Montafoner Hof
854
188
Hof
Kropfen
Rasafeibach
Aquaweg
Plattes
Alpenbad Aquarena
676
Zamangbahn
Gamprätz
Egga
Ganzenahl
Eisstadion
Gamplascha

21. Itonskopf, 2089 m

Panoramaloge mit Pfiff

Ausgangspunkt: Bartholomäberg (Bushaltestelle und Parkplatz bei der Kirche), 1087 m/Endstation Wanderbus Rellseck | **Charakter:** Angenehmer Aufstieg auf Bergpfad bis zum Fuß des Itonskopfes. Felsiger, drahtseilgesicherter Gipfelanstieg. Steiler Abstieg bis Wieskopf, danach auf Güterweg, Wiesen- und Waldpfad, zuletzt Anliegerstraße bergab nach Bartholomäberg. | **Anmerkung:** Die kurze Felspassage zum Gipfel kann ausgelassen werden
Einkehr: Gasthof Rellseck | **Karten:** KOMPASS Nr. 32, 292

Schwer | 12 km | 600 hm / 1000 hm | 4:30 Std.

Schaut man auf die sonnigen Südhänge der alten Walsersiedlung Bartholomäberg, fällt als beherrschende Erhebung der Itonskopf auf. Für seine Besteigung wählen wir den komfortabelsten Ausgangspunkt, das **Rellseck**. Hierher gelangt man ganz bequem mit dem Wanderbus von **Bartholomäberg**.

Auf dem geologischen Lehrwanderweg geht es in angenehmem Steigungsgrad überwiegend am Waldrand entlang und über Bergwiesen hinauf zum Standort Jagdhütte. Hier beachten wir den Wegweiser über Wannaköpfle zum Itonskopf und steigen nach links weiter gleichmäßig bergauf über Wiesenhänge zum Rastplatz **Monteneu**. Von der schönen Aussichtswarte genießt man den Blick zu den kalkhellen Gipfeln des Rätikon mit Sulzfluh, Drei Türmen, Drusenfluh, auf die Schesaplana mit vorgelagertem Gletscher und die stolze Pyramide der Zimba. Nach einer kurzen Verschnaufpause über eine Wiese folgt der nun an Steilheit zunehmende Aufstieg zum **Wannaköpfle**. Der Gipfel selbst wird über einen kurzen Abstecher vom Hauptweg links hinauf erreicht und gewährt erstmals den Blick auf Anstiegsroute und Gipfelkreuz des Itonskopfes.

Zurück auf dem Wanderweg, der nun weiß-blau-weiß markiert ist, geht es kurz bergab. Es folgt ein schöner, mit Latschen und Alpenrosen bewachsener Höhenweg, bevor nach der Querung kleiner Felsschrofen der kurze Gipfelanstieg zum **Itonskopf** beginnt. Der felsige Gipfelaufbau ist durchgängig mit Drahtseilen gesichert. Die Rundumschau präsentiert die ganze Vielfalt des Montafon mit den Gebirgsgruppen Verwall, Silvretta, Rätikon und darüber hinaus die Lech-

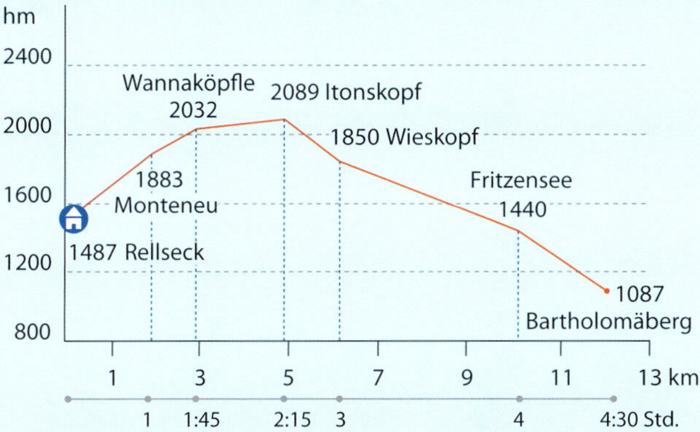

Tourenkarte S. 97

taler Alpen im Norden. Zurück vom Itonskopf setzen wir die Rundtour auf dem Höhenweg fort, der nun wieder weiß-rot-weiß markiert ist und schöne Ausblicke ins Gauertal, Gampadelstal und Gargellental gewährt. Bald beginnt der Abstieg auf sehr steilem und schmalem Bergpfad, der beim Standort **Wieskopf** in einen breiten Güterweg mündet. Dieser ist nun gelb-weiß markiert und führt mäßig steil bergab zum idyllisch gelegenen **Fritzensee**. Der Weg ins Tal ist lang aber nie langweilig, da er im aufgelockerten Fichtenwald immer aussichtsreich bleibt. Ab dem Fritzensee halten wir uns an die weiß-rot-weiße Markierung und kommen am historischen Bergwerk vorbei. Von hier auf direktem Weg über Wiesen und ein kleines Waldstück steil hinunter, bis der schmale Wanderweg auf der asphaltierten Anliegerstraße endet. Auf dieser gelangt man zur bereits sichtbaren Kirche von **Bartholomäberg** zurück.

Am Fuß des Itonskopfes.

22. Ganzaleita, 1607 m, und Falla, 1775 m

Aussichtswarten hoch über dem Silbertal

Ausgangspunkt: Silbertal (Bushaltestelle und Parkplatz bei der Talstation der Kristbergbahn), 889 m | **Charakter:** Anstieg zu Aussichtspunkten und sanfter Abstieg über Wald- und Wiesenwege sowie Alpsträßchen | **Einkehr:** Gasthaus Kristberg, Gasthof Knappastoba | **Karten:** KOMPASS Nr. 32, 292

Leicht | 8 km | 340 hm 340 hm | 3:30 Std.

Die **Kristbergbahn** bringt den Wanderer bequem vom Silbertal auf die Höhe des aussichtsreichen Kristberges. In der Nähe der **Bergstation** lohnt ein Besuch der Knappenkirche **St. Agatha**. Sie ist das älteste, original erhaltene Gotteshaus im Montafon und soll 1507 von verunglückten, aber geretteten Bergknappen gestiftet worden sein. Sicher ist, dass die Bergleute hier seelsorglich betreut wurden, die vom 14. bis 16. Jahrhundert den Kristberg besiedelten und hier nach Silber- und Kupfererz schürften. Auch viele Walser aus dem Kanton Wallis wurden davon angelockt und ließen sich hier nieder.

Von der Bergstation der Kristbergbahn wandern wir zunächst Richtung St. Agatha und unmittelbar vor dem Panoramagasthaus Kristberg auf markiertem Wanderweg steil hinauf zum Kristbergsattel. Hier lenkt die Markierung nach links auf einen breiten Waldweg bergan Richtung **Ganzaleita** und zum dortigen Aussichtspunkt. Tief unten erblickt man das Klostertal, darüber erhebt sich die mächtige Rote Wand im Lechquellengebiet. Der nächste Aussichtspunkt des Panoramaweges nennt sich **Falla** und wird durch einen lichten Nadelwald auf ansteigendem Bergpfad erreicht. Ausblicke ins Klostertal, Silbertal und zu den Gipfeln des Rätikon sind der Lohn für die Aufstiegsmühen. Kurz oberhalb des Standortes Falla lädt eine Waldwiese mit Ruhebänken zur Rast. Zurück beim Standort Falla wendet sich der Weg nach rechts Richtung Innerberg. Zum nächsten Standpunkt mit dem Namen Gäßtuala führt ein schöner, bequem abfallender Wanderweg. Diesem folgt man weiter geradeaus Richtung Innerberg. Weiterhin gemütlich und aussichtsreich bergab wird der entfernteste Punkt des Rundwe-

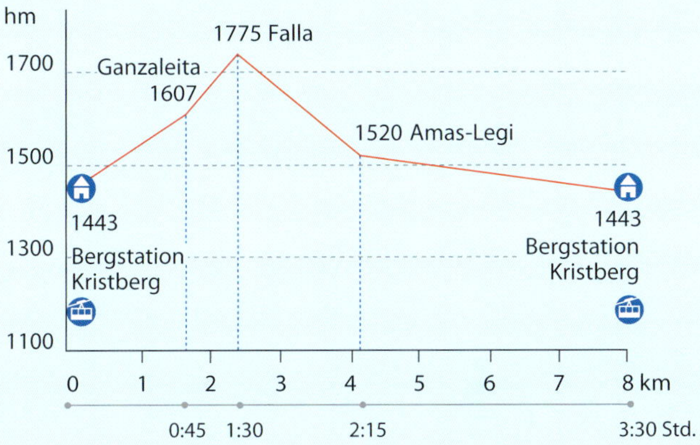

ges, der sich **Amas-Legi** nennt, erreicht. Hoch über dem Silbertal wandern wir von hier aus nach links und kommen an den Hütten von Fulateia vorbei zurück zum **Kristberg**. Die fremd klingenden Flurnamen sind rätoromanisch und weisen auf die ersten Besiedler des Montafon hin. Zum Abschluss der Rundtour bietet sich ein Besuch der Knappenkirche St. Agatha an, bevor man mit der Gondel zurück ins Tal schwebt.

Knappenkirche St. Agatha.

KOMPASS

0 500 m

Jagdhütte
1314
Gavaralpe
Muther Maisäß
Römerkeller
Hintergant
Schmiedtobel
Hölltobel
Sandtobel
Muttentobel
Allhöh
2026
Gatschief
Maslunwald
728
E.-Werk Braz
Gavadurawald
Alfenz
Gantegg
895
Mason
Marias
Fischersteg
Fallbachwand
Arlbergweg
Tönner
790
Röcken
Bahnhof
Dalaas
916
Gaues
Murren
Gräntalkopf
1796
Müß
Fallbach-Eisfall
1244
Küngsmaisäß
Brazer Stein
Rotrüfetobel
Außerer Winkel
Ebene
Poller
Bildste
Freispiegelstollen
Winklertobel
Gurtentobel
1066
Alpilakopf
2030
Schwarzhorn
1883
1775
Falla-Aussichtspunkt
Ganzaleita-Aussichtspunkt
1607
Dalaaser Gemein
Korallenriff
Obere Wiese
1800
1484
Kristbergsattel
1386
Aussichtspunkt
M2, M3
Knappen-kapelle
START
Kristberg
Knappastoba
Amas-Legi
Innerkristberg
1430
Kirchli
Außerkristberg
1215
Mühle
Glän
Gde. Silbertal
Außertal
Fula
Gsteiner Wald
Innerberg
Hofstatt
889
Innertal
Dälma
Lutza
Matta
Schöffel
Höfle
Bergbaumuseum
Gandlätsch
Motta
1029
Lutzer
Talloipe 2,5km
1009
Hoha
Vermalatobel
Frauentobel
(Sommer u. Winterbetrieb)
Schattenwald
Brif
Hirscheck
Bannwald schrofen
Teufelsbach
Alpe Hinterkapell
1662
Seebliga
Kropfen
1375
Maisaß
(Variante)
Vorderkapell
Surblies
Speichersee
1985
Seeweg
Kropfen
Rieder
1874
Restaurant Kapell
M2

23. Von Schruns nach Silbertal

Gemütlich von Kirche zu Kirche

Ausgangspunkt: Schruns (Bushaltestelle, Bahnstation und Parkplatz), 690 m | **Charakter:** Bequemer Spaziergang mit geringer Höhendifferenz abwechselnd auf Anliegersträßchen, Wald- und Wiesenwegen | **Einkehr:** Unterwegs keine, verschiedene Gasthöfe in Schruns und Silbertal | **Karten:** KOMPASS Nr. 32, 92

Leicht | 5 km | 260 hm 60 hm | 1:45 Std.

Bei der sehenswerten Pfarrkirche zum hl. Jodok in **Schruns** zeigt ein Wegweiser die Richtung nach Silbertal an. Nach dem Kaiserlindeweg geht es über die Wiesen oberhalb des Dorfes. Am Ende der Wiesenhänge mit Ruhebänken folgen wir dem geteerten Anliegersträßchen bis auf die Höhe von Rosagarta hinauf.

Hier zweigt ein Steig links ab Richtung Silbertal. Der Pfad mündet in einen schattigen Waldweg, der hoch über der Litz taleinwärts ins landschaftlich reizvolle Silbertal führt. In großem Bogen zieht sich das Tal entlang der Litz, die in der nahen Verwall-Gebirgsgruppe im Gebiet der Freschalpen ihren Ursprung hat. An den sonnigen Südhängen breiten sich die Streusiedlungen Innerberg und Kristberg aus. Höfe und Hütten liegen wie hingestreut auf grünen Matten.

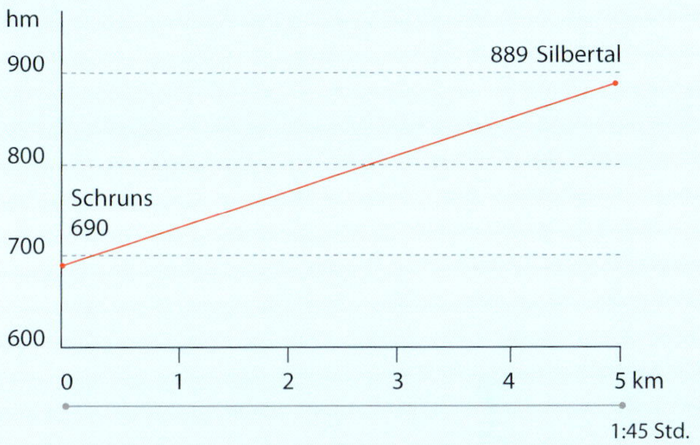

Auf den Wanderweg folgt wieder ein Anliegersträßchen, das nach den Häusern von Schöffel hinunter zum rauschenden Wasser der Litz führt. Bei der Silbertaler Kapellbahn (nur Winterbetrieb) halten wir uns rechts und sehen bald die Kirche von **Silbertal**, den Endpunkt der kleinen Wanderung. Bevor man Dank einer guten Busverbindung nach Schruns zurückkehrt, kann man noch die Pfarrkirche St. Nikolaus in Silbertal anschauen oder das Bergbaumuseum besuchen (vorher über Öffnungszeiten informieren).

Viehprämierung in Schruns; Bild links: Enzian.

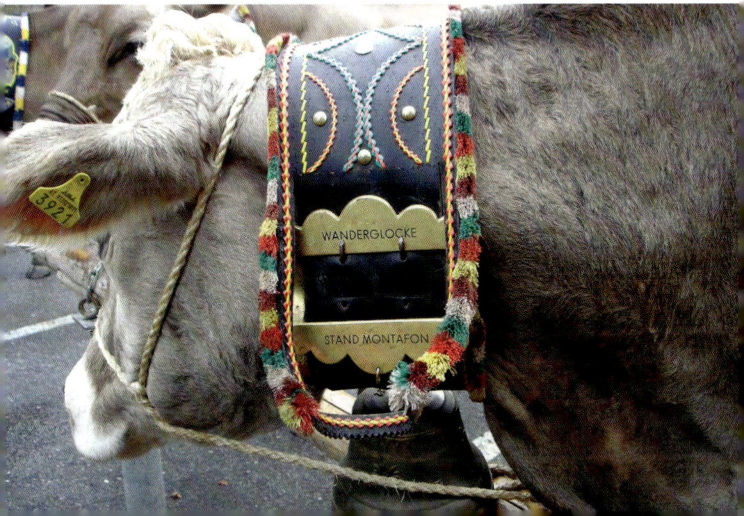

KOMPASS

0 500 m

895
Mason
Marias
Fischersteg
Tönner
Bahnhof
Dalaas
Sonnenhalb
Fallbachwand
Arlbergweg
790
Röcken
916
Gaues
Murren
Fallbach
Wssf.
Müß
Arlbergweg
S1
Fallbach-Eisfall
1244
Rotrüfetobel
Feld
Erlenau
Küngsmaisäß
Brazer Stein
Außerer Winkel
Ebene
Poller
Freispiegelstollen
Winklertobel
Gurtentobel
Herrentobel
1066
Klemmetobel
hwarzhorn
1883
Falla-Aussichtspunkt
Ganzleita-Aussichtspunkt
1607
Dalaaser Gemeindewald
1484
Kristbergsattel
1386
M2, M3
Knappen-kapelle
Aussichtspunkt
amaslegi
Kristberg
Knappastoba
Innerkristberg
1430
Kirchliwald
1215
Außerkristberg
1901
Glän
Kristberg-Höhenloipe 6km
Gde Silbertal
Außertal
Fula
Muttwal
Gsteiner Wald
M2, M3
Innertal
Hofstatt
889
Ober-
1360
Siebenbr
Alpe Oberbuche
Lutza
Schöffel
Höfle
Bergbaumuseum
Matta
M2
Unter-
1114
buchen
Inner-
Gandlätsch
Lutzer
(Sommer u. Winterbetrieb)
Talloipe 2,5km
Frauentobel
Vermalatobel
Wssf.
1009
Plattawal
Schattenwald
Bannwald
Bannwald-schrofen
Hubertusstube
1104
Teufelsbach
Hirscheck
Seebliga
Alpe Hinterkapell
1662
(Variante)
Vorderkapell
Speichersee
Surblies
1985
Seeweg
Speichersee Kapell
Auf der Platte
1945
502
1874
Restaurant Kapell
Bergknap
Mittagsjoch
Vordere Kapellalpe
Skitunnel
2362
Rieder Maisäß
Sennigrat
2280
Schwarzsee
2520
Lawinen-verbauung
Hochjoch
Lifinar
Wormser Hütte
2305
2216
Platinaalpe
1864
Gleslaalpe
1311
Herzsee
2398
Kapelljoch
Kreuzjoch
2469
Kühtal

24. Muttjöchle, 2074 m

Logenplatz zwischen Klostertal und Silbertal

Ausgangspunkt: Silbertal (Bushaltestelle und Parkplatz bei der Talstation der Kristbergbahn), 889 m | **Charakter:** Unschwierige, aber recht weite Bergtour auf Wald-, Wiesen- und Alpwegen. Ausdauer erforderlich. Der Weg ist gut markiert und verläuft im Gipfelbereich durch alpines, aber unproblematisches Gelände **Einkehr:** Gasthaus Kristberg, Knappastoba, Restaurant Sonnenkopfbahn, Wasserstubenalpen während der Alpzeit | **Karten:** KOMPASS Nr. 32, 292

Mittel | 16,5 km | 730 hm / 730 hm | 6 Std.

Ein wanderbarer Gipfel mit prächtigem Panorama, schöne Wälder und weite, abwechslungsreiche Landschaften sorgen für einen ausgefüllten Tag in der Natur. Die Fahrt mit der Kristbergbahn stimmt auf die Tour ein. Man schwebt über verstreut liegende Bauernhäuser und Hütten auf grünen Hängen, und mit jedem Höhenmeter wird der Blick auf die imposante Bergwelt des Rätikon großartiger.

Hinter der **Bergstation der Kristbergbahn** beginnt der erste Wegabschnitt ziemlich steil. Danach verflacht sich der Waldpfad und leitet in östliche Richtung durch den Kirchliwald der Sonne entgegen. Der Boden des Nadelwaldes ist auffallend schön bewachsen mit Moos, Farnen und Heidelbeersträuchern. Im weiteren Verlauf legt der Weg wieder an Steigung zu, bevor er in ca. 1850 m Höhe die Waldgrenze überschreitet. Hier ist schon das Gipfelkreuz des **Muttjöchle** sichtbar. Auf dem breiten Bergrücken geht es durch freies, mit Felsblöcken durchsetztes Gelände hinauf zum Gipfel. Das 360°-Panorama umfasst die Lechtaler Alpen sowie alle Gebirgsgruppen des Montafon mit Verwall, Silvretta und Rätikon. Schöne Talblicke reichen ins Silbertal, ins Klostertal und auf die besonnten Hänge von Bartholomäberg und Kristberg. Nach ausgiebiger Gipfelrast leitet der Bergpfad kurz abwärts und zieht dann nahezu eben durch die weite Landschaft des Riedbodens in nordöstliche Richtung zur bereits sichtbaren **Bergstation Sonnenkopf**.

Rechts unten liegt das Wasserstubental, dahinter ragen Silbertaler Lobspitze, Gaflunaspitze und Lobschild in den Himmel. Ohne nennenswerte Höhenunterschiede erreichen wir die Bergstation der aus dem Klostertal herauf kommenden

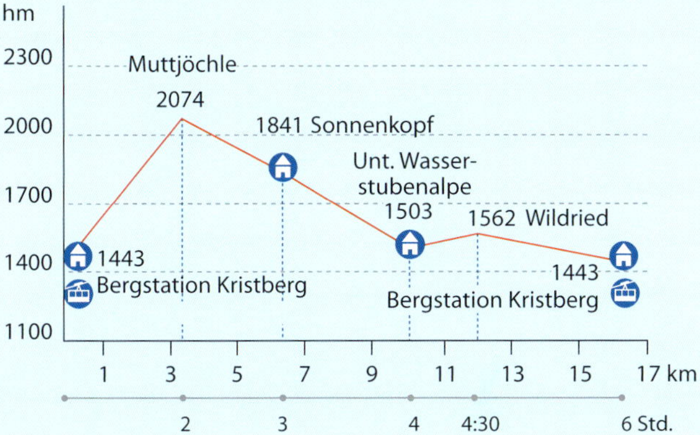

Sonnenkopfbahn mit Restaurant. Alpenblumenlehrpfad und Tiererlebnisweg mit lebensgroßen aus einheimischem Holz geschnitzten Alpentieren vermitteln Naturwissen. Von hier geht es Richtung Süden kurz bergab. An der Talstation des Riedbodenliftes lenkt der Wegweiser „Wanderweg ins Silbertal" nach links zunächst ins Obere Wasserstubental und kurz vor Erreichen der Oberen Wasserstubenalpe nach rechts hinunter. Mit dem Bergbach wandern wir weiter talwärts an der **Unteren Wasserstubenalpe** vorbei bis zur Jagdhütte. Hier bleiben wir rechts auf dem oberen Weg, der noch einmal kurz bergauf zum **Wildried**, einem der höchstgelegenen Moorlandschaften Europas führt. An einem bezeichneten Aussichtspunkt und der Quelle Siebenbrünnele vorbei gelangen wir immer leicht bergab auf dem breiten Forstweg zurück zur **Bergstation der Kristbergbahn**.

Riedsee.

KOMPASS

0 500 m

Dürrenbergwald
Bergle
Werataa
Bhf.Wald
Wildentobeltunnel
Arlberg-weg
Wald am Arlberg
Innerwald
Danöfen
Wilden
Außerwald
1010
1038
963
Göttschlig
E60
S16
922
Statla
Moos
Alfenz
Freispiegelstollen
Sonnenkopfbahn
Maisäße
Schattenwald
Plümplis
Bärentobel
Dürrer Wald
1576
Burtscha
Jhtt.1524
1461
Bündthütte (nur Wi)
Lawinenverb
Restaurant Sonnenkopfbahn
Sattelkopf
1841
Obermoos
Riedboden
Sonnenkopf
Burtschajoch
Alpenblumen-Lehrweg
In der Ganda
Riedkopf
Untermurich
1799
Scheidboden
Obermurich
Mittagstein
2035
Schloßboden
Glatti
2244
2074
Muttjöchle
Untere Wasserstuben-alpe
1503
1731
Obere Wasserstuben-alpe
Nenzigastk
Außeralpilich
Omesspitz
Mutt
1780
Im Mutt
Jagdhütte
1492
2589
2052
2266
Inneralpilich
2436
Lobsteg
Hochburtscha
1562
Wasserstubenjo
Wildried
Eisentaler
Schwarze Wand
2289
Hochbu
2662
Senniloch
Burtschabach
M2, M3
M2
Wssf.
Jhtt.
Grüne Kappe
Westl. Eisentalerspitze
2710
1806
Gretschalpe
2112
Lobspitze
2605
Starkes Eck
2674
2515
Fellimännle
1104
Kirchli
Gaflunaspitze
Gretscher See
2323
Hasahüsli
2188
stollen
Lobschild
In den Stocken
Golden Borst
2445
2209
Fellimännle
Gaflunaalpe
Im Ree
Wasserstubental

25. Fellimännle, 2209 m

Gipfelglück im hinteren Silbertal

Ausgangspunkt: Silbertal (Bushaltestelle und Parkplatz bei der Talstation der Kristbergbahn), 889 m | **Charakter:** Auf schmalem Pfad steil bergauf bis zur Oberen Gaflunaalpe. Zum Gipfel nur noch sanft ansteigend. Steiler Abstieg, teilweise weglos in weiträumigem Gelände. Ausreichend weiß-rot-weiß markiert, trotzdem Vorsicht bei Nebel! Ab Gretschalpe auf breiten Alp- und Forststraßen, wobei weite Kehren auf markiertem Wanderweg abgekürzt werden können | **Einkehr:** Gasthaus Fellimännle
Karten: KOMPASS Nr. 32, 292

Mittel | 14,5 km | 850 hm / 1320 hm | 6:15 Std.

Bei der **Unteren Gaflunaalpe** beginnt der sehr steile Aufstieg zunächst durch niederen Wald und Buschwerk in Serpentinen, dann über freie Wiesenflächen hinauf zur Oberen Gaflunaalpe. Dabei folgt man immer der weiß-rot-weißen Markierung, dies auch bei den Alpgebäuden der **Oberen Gaflunaalpe**, wo der Wanderpfad nach links und über freie Wiesenhänge überwiegend mäßig ansteigend bis zu einem Kamm leitet. Hier trennt uns nur noch ein minimaler Abstecher vom Gipfel des **Fellimännle**. Die Aussicht von dem weitläufigen Grasbuckel ist überwältigend. Unmittelbar vor uns Lobschild, Gaflunaspitze und Silbertaler Lobspitze mit Kreuz. Unter den unzähligen Gipfeln, Zacken und Scharten fallen besonders ins Auge im Osten der Patteriol, im Süden der Valschavieler Maderer, im Westen die Hochjochgruppe und hinter der Zamangspitze die kalkhellen Wände des Rätikon, im Norden die Lechtaler Alpen mit der gewaltigen Roten Wand.

Vom lohnenden Abstecher wieder auf dem Kamm zurück, beginnt nun der Abstieg. Der schmale Pfad leitet sehr steil durch dickes Blockwerk hinunter, biegt dann nach rechts und führt weiter durch Blockwerk zum **Gretscher See**. Die Felsen des Kirchli und der Silbertaler Lobspitze im Rücken des Sees bilden die wilde Kulisse, während sich vor dem Gretscher See eine große Wie-

KOMPASS INFO

Untere Gaflunaalpe 1360 m (mittwochs und donnerstags mit Wanderbus erreichbar, Anmeldung beim Tourismusbüro Silbertal).

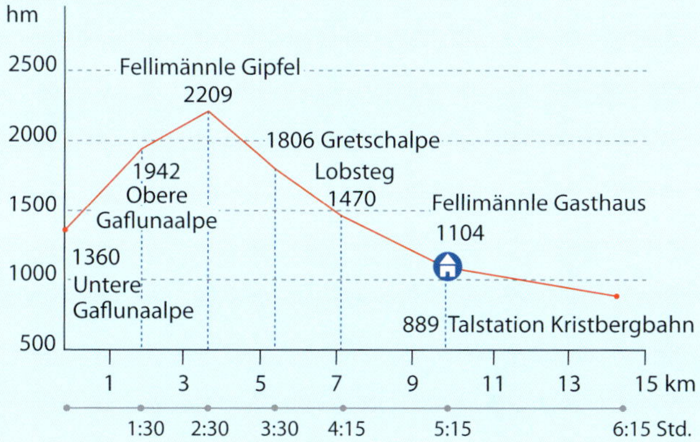

senterrasse mit Blick auf die Hochjochgruppe, die stolze Pyramide der Zimba, auf den Bartholomäberg mit Itonskopf, Muttjöchle und weiter in die Lechtaler Alpen ausbreitet. Mit dem aus dem Gretscher See abfließenden Bach wandern wir hinunter zur **Gretschalpe**. Von hier auf breitem Alpweg in einigen Serpentinen bergab zum Standort **Lobsteg** und weiter hinunter Richtung Silbertal. Der Forstweg kann in seinem unteren Bereich durch einen angelegten, markierten Wanderweg abgekürzt werden. Der steile und steinige Waldsteig endet auf dem Talboden des Silbertales beim **Gasthaus Fellimännle**. Von hier folgen wir der schönen und wilden, aber eben manchmal auch unberechenbaren Litz. Am imposanten Wasserfall des Teufelsbaches vorbei führt uns der Weg wieder zum Ausgangspunkt.

Fellimännle Gipfel.

KOMPASS

0 500 m

Sattelkopf
Restaurant Sonnenkopfbahn
Sonnenkopf
Alpenblumen-Lehrweg
Riedkopf
Mittagstein
Muttjöchle
Untere Wasserstubenalpe
Obere Wasserstubenalpe
Wasserstubental
Lobsteg
Eisentalergruppe
Lobspitze
Gaflunaspitze
Lobschild
Kirchli
Gretschalpe
Gretscher See
Grüne Kappe
Fellimännle
Obere Gaflunaalpe
Putzkammeralpe
Gaflunaalpe
Starkes Eck
Hasahüsli
Aussichtspunkt Fuchsschwanz
START
Untere Gaflunaalpe
Untere Dürrwaldalpe
Käferaalpe
Alpguesalpe
Glattingrat
Nenzigastkopf
Omesspitze
Hochburtschakopf
Westl. Eisentalerspitze

26. Vom Schafberg nach Gargellen

Genussreich ins Tal

Ausgangspunkt: Gargellen (Bushaltestelle und Parkplatz bei der Schafbergbahn), 1435 m | **Charakter:** Bequeme Wanderung bergab und auf Höhenwegen mit nur geringen Gegenanstiegen. Überwiegend auf Bergpfaden, kurze Etappe auf Schotterweg **Einkehr:** Schafberghüsli, Obwaldhütte, Kesslhütte | **Karten:** KOMPASS Nr. 32, 292

Mittel | 8,5 km | 110 hm / 810 hm | 3:45 Std.

Bequem bringt die Schafbergbahn den Wanderer in ein vielfältiges Tourengebiet. Bereits beim **Schafberghüsli**, das größer ist als sein Name vermuten lässt, beherrscht die mächtige Madrisa die grandiose Landschaft zwischen dem schweizerischen Prättigau und dem österreichischen Montafon.

Ab der Bergstation leitet ein wahrer Panoramaweg direkt auf den wuchtigen Felsklotz zu. Unter den gewaltigen Nordwänden erblicken wir schon bald den **Gandasee**. Durch ein Meer von Alpenrosen führt ein kleiner Pfad entlang des jungen Bergbaches hinunter zum jadegrünen See am Fuße der Madrisa. Den winzigen Abstecher an das Ufer des kleinen Sees wird sich niemand entgehen lassen. Eine Wegtafel zeigt den Weg Richtung Gargellen. Der Wanderweg mündet bald in ein Bergsträßchen, auf dem man rechts hinunter zur **Obwaldhütte** gelangt. Nach wenigen Kehren auf dem Schotterweg zweigt ein Wanderpfad zur Kesslhütte nach links ab. Weiter geht es über eine urige Brücke und auf einem Waldpfad leicht bergan. Der Mischwald ist aufgelockert genug, um immer wieder schöne Ausblicke zuzulassen. Bald wird die **Kesslhütte** sichtbar, die man nach Querung der Bergbahnen erreicht. Hier wird man mit Speis und Trank, einem Kneippbach sowie einer herrlichen Aussicht auf Heimspitze, Heimbühl, ins Vergaldatal hinunter und auf die zackigen Ritzenspitzen verwöhnt.

Ab der Kesslhütte geht es durch die Alpweiden der Gargellenalpe und nach Querung des Gargellenbaches rechts hinunter. Über sonnenverwöhnte, bunt blühende Wiesenhänge dürfen wir den jungen Gargellenbach ein Stück talwärts begleiten. Da wir aber noch nicht endgültig ins Tal absteigen wollen, wählen wir kurz oberhalb von Rüti den nach links abbiegenden **Rongger Höhenweg** zur **Rongg-Alpe**. Dieser Weg führt an einer geologischen Besonderheit, dem so genannten

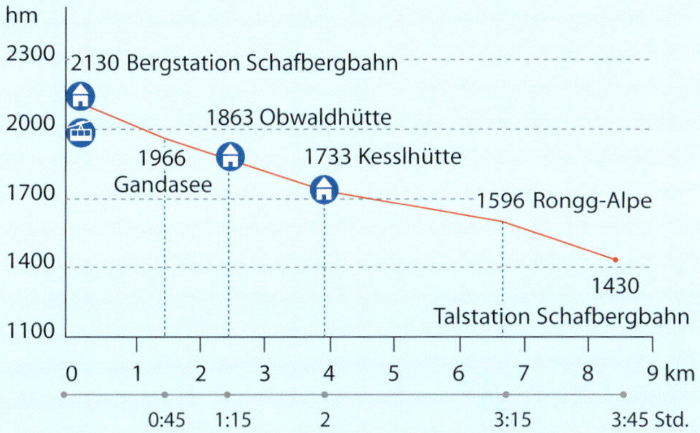

Gargellener Fenster und einem Klettergarten vorbei und erreicht über den Ronggbach die gleichnamige Alpe. Ab hier beginnt endgültig der Abstieg entlang des Ronggbaches ins Tal, der kurz oberhalb des schönen Bergdorfes **Gargellen** einen Wasserfall bildet.

Alpenrosen vor Madrisa.

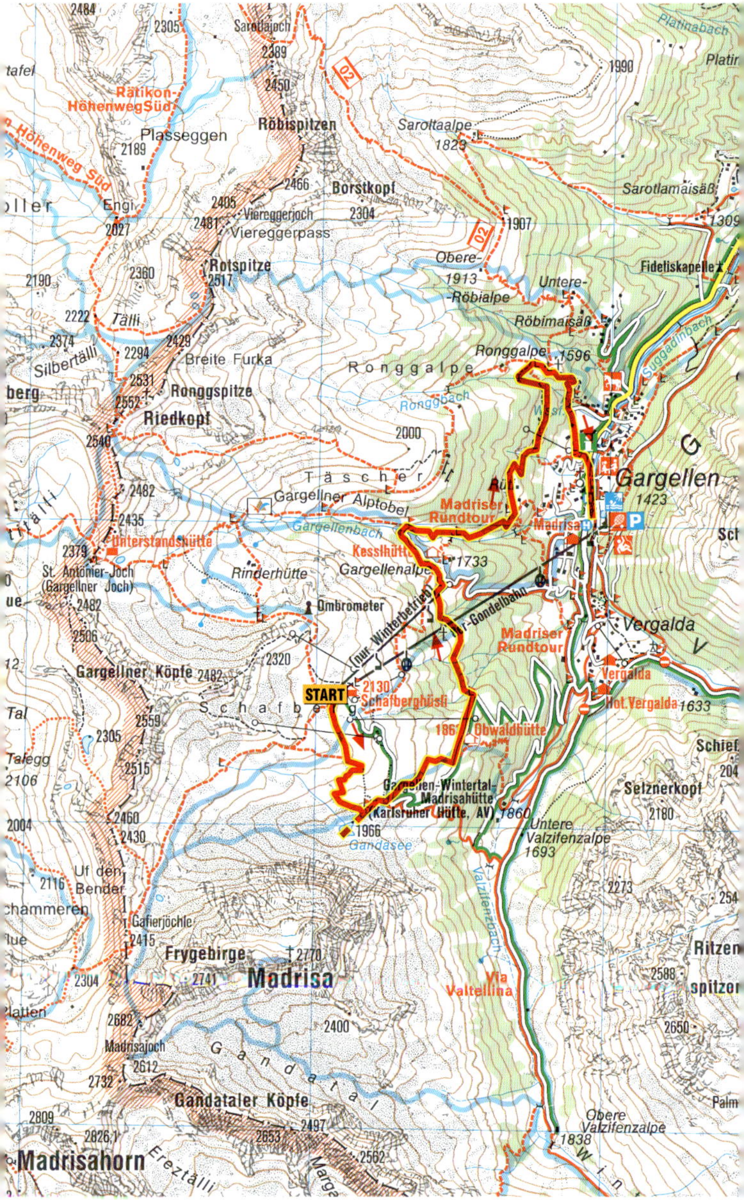
Röbispitzen
Borstkopf
Rätikon-HöhenwegSüd
Plasseggen
Viereggerjoch
Vierreggerpass
Rotspitze
Sarotlaalpe
Sarotlamaisäß
Fideliskapelle
Obere-Röbialpe
Untere-Röbialpe
Röbimaisäß
Ronggalpe
Breite Furka
Ronggspitze
Riedkopf
Tälli
Silbertälli
Gargellen
Gargellner Alptobel
Täscher
Madriser Rundtour
Gargellenbach
Kesslhütte
Gargellenalpe
Unterstandshütte
St. Antönier-Joch (Gargellner Joch)
Rinderhütte
Ombrometer
(nur Winterbetrieb)
Vergalda
Madrisa
START
Schafberghüsli
Gargellner Köpfe
Schafberg
Obwaldhütte
Hot. Vergalda
Gargellen-Wintertal-Madrisahütte (Karlsruher Hütte, AV)
Gandasee
Selznerkopf
Untere Valzifenzalpe
Valzifenzbach
Uf den Bender
Gafierjöchle
Frygebirge
Madrisa
Via Valtellina
Madrisajoch
Gandatal
Gandataler Köpfe
Madrisahorn
Ereztälli
Obere Valzifenzalpe
Ritzen
Talegg
0 500 m

Jägerstöbli
1267
192
Kohltobel
Gampapingaple
1904
Valiseramaisäß
Valiseraaple
1588
2035
Alpli
Gampapinger
Schigebiet
Silvretta Nova
Bella Nova
Valiserahüsli
2101
1585
Gantekopf
1958
Gaschurner Sattel
Nova Stoba
Alpe
Gampapinger
2222
Kiosk
Berg
2250
1736
Alpe Nova
1910
Burg
2247
1824
Schwarzkopf
2370
2104
Knappabergli
2311
2345
2552
Valiserakopf
2449
2515
Versettla
2372
1934
Seressee
Mittagsspitze
2665
Valiseraspitze
2716
2606
2685
Heimspitze
Zwischenspitze
2661
Edelweiswände
Valiserajöchli
2466
Madrisella
2177
Matschuner Gratweg
Heimbühl
2540
Matschunerköpfe
2426
2249
02
302
Vergaldabach
Matschuner Joch
2425
1820
Vergaldaple
2521
Schafberg
Matschun
Roßberg
2228
Roßberghütte
2201
2423
Matschuner Jöchli
Kuchenberg
2523
2478
2540
Schneeberg
2583
Rotbühelalpe
Vorderberg

27. St. Antönier Joch, 2379 m, und Gafierjöchle, 2415 m

Auf alten Säumer- und Schmugglerpfaden

Ausgangspunkt: Gargellen (Bushaltestelle und Parkplatz bei der Schafbergbahn), 1435 m | **Charakter:** Auf- und Abstiege auf durchgängig ausreichend weiß-rot-weiß markierten Bergpfaden. Trittsicherheit ist besonders auf den Kammwegen erforderlich. Nur mit stabilen Bergschuhen, da teilweise sehr steinige Wege
Einkehr: Schafberghüsli | **Karten:** KOMPASS Nr. 41, 292

Mittel | 7,75 km | 520 hm / 520 hm | 4:30 Std.

Unterwegs auf den Grenzpfaden dieser Tour kann man sich heute kaum mehr vorstellen, wie in früheren Zeiten Waren vom Montafon nach Graubünden und ins Veltlin und umgekehrt transportiert wurden. Welche Mühen es für die Säumer und ihre robusten Pferde bedeutete, die schweren Lasten bei jedem Wetter über Schlappiner Joch, Gafierjöchle oder St. Antönier Joch zu bringen. Noch waghalsiger und versierter müssen die Schmuggler gewesen sein, denn sie gingen dieselben Wege getarnt in der Dunkelheit der Nacht.

Heute fahren wir bequem mit der Bergbahn zum **Schafberghüsli** und beginnen die Wanderung durch das Skigebiet der Schafbergbahnen kurz über Wiesen steil bergan bis auf einen Schotterweg. Diesem nach rechts folgend muss ein kleiner Abstieg in Kauf genommen werden, bevor man auf den Saumpfad abzweigt. Dieser führt durch freies Gelände mit Blick auf die Gargellnerköpfe überwiegend mäßig steil zum **St. Antönier Joch** hinauf. Während der Blütezeit wird der Aufstieg durch die vielfältige Alpenflora noch kurzweiliger. Das St. Antönier Joch bildet die Grenze zur Schweiz. Die kleine Zollwachhütte dient heute als Notunterkunft.

Wir wandern nach links weiter über einen steilwandigen Berggrat der Schweizer Grenze entlang hinauf bis zum unbezeichneten höchsten Punkt. Von hier zieht der Schmugglerpfad mal mehr mal weniger steil durch Wiesen und Steinfelder nun auf Schweizer Seite bergab zu dem in einem stillen Hochkar gelegenen **Gafiersee**. Im smaragdgrünen Wasser sieht man die Fische springen. Vom Ende des Sees geht es wieder bergauf über

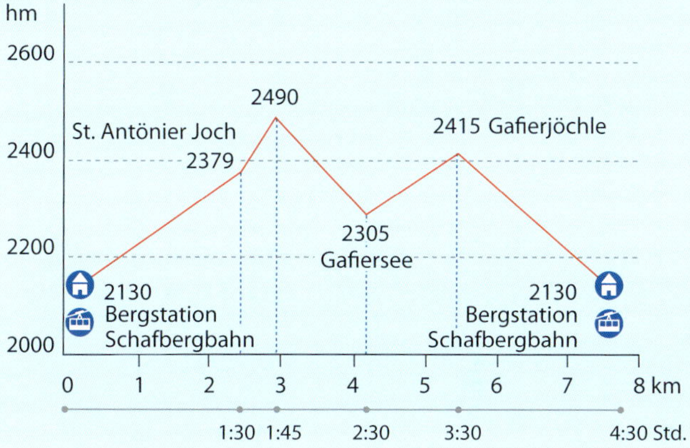

riesige Blockhalden zu einem Grat und auf diesem nach rechts über blockigen Fels hinüber zum **Gafierjöchle**. Hier imponiert der frontale Blick auf die silberhell glänzenden Gafierplatten. Hinunter geht es weiterhin steinig im Bann der mächtigen, felsigen Madrisa und Blick auf den kleinen Gandasee. Erst beim Schafbergsee wird das Gelände sanfter, und bald ist das **Schafberghüsli** bei der Bergstation der Schafbergbahn wieder erreicht.

Am Schmugglerpfad mit Blick auf Gafierplatte.

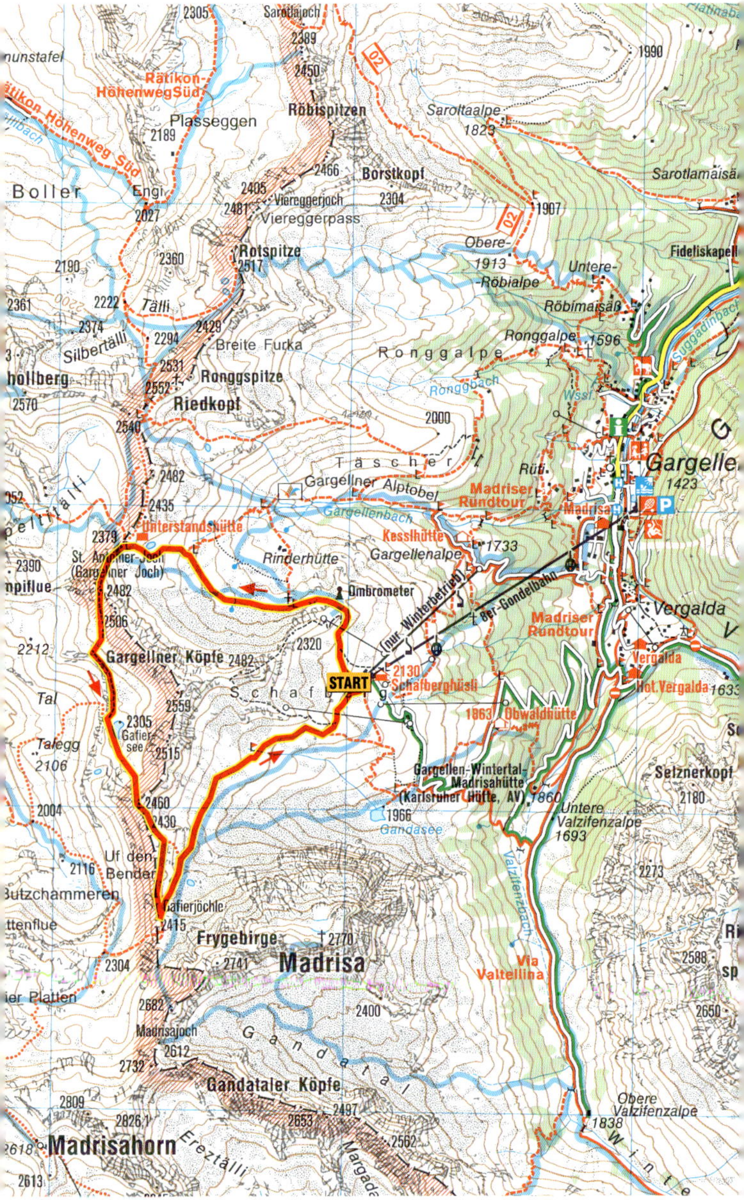

KOMPASS

0 500 m

Schigebiet
Silvretta Nova
Gampapinger
Alpe
Gampapinger
Berg
Alpli
2035
Bella Nova
Valiserahüsli
2101
Gampapingaple
1904
Kohltobel
Valiseramaisäß
192
Valiseraaple
1588
1267
1910
1824
Kiosk
2222
2250
Schwarzkopf
2370
2104
1736
Alpe Nova
1585
Gantekopf
1958
Gaschurner Sattel
Nova Stoba
Burg
2247
Knappabergli
2311
Versettla
2372
2345
2552
Valiserakopf
2449
2515
1934
Seressee
Mittagsspitze
2665
Valiseraspitze
2716
2685
Heimspitze
2606
Zwischenspitze
2661
Valisera-
jöchli
Edelweis-
wände
2466
Madrisella
2177
Matschuner
Gratweg
Heimbühl
2540
Matschunerköpfe
2426
2249
Matschuner Joch
2425
2521
02
302
Vergaldabach
1820
Vergaldaple
Schafberg
Matschun
2423
Matschuner
Jöchli
Roßberg
2228
Roßberghütte
2201
Kuchenberg
2523
2478
2540
Wormakopf
Schneeberg
2583
Rotbühelalpe
(Jhtt.)
Vorderberg
2553

28. Rund um die Ritzenspitzen

Genießerrunde durch einsame Hochtäler

Ausgangspunkt: Ortsteil Vergalda oberhalb Gargellen (Parkplatz bei den Hotels Vergalda und Madrisablick), 1550 m oder Bushaltestelle und Parkplatz bei der Talstation der Schafbergbahn, 1430 m
Charakter: Weite einsame Bergtour durch zwei Hochtäler. Reichlich weiß-rot-weiß markiert über Alpwege und teilweise stein- und felsdurchsetzte Bergpfade | **Einkehr:** Vergaldaalpe und Untere Valzifenzalpe während der Alpzeit | **Karten:** KOMPASS Nr. 41, 292

Mittel | 15,5 km | 940 hm / 940 hm | 5:30 Std.

Wasser wird unser ständiger Begleiter bei dieser weiten einsamen Wanderung sein, auf der wir durch zwei schöne Hochtäler die zackigen Ritzenspitzen umrunden. Beginnen wir ganz gemütlich mit dem Vergaldatal (ab Talstation Schafbergbahn ca. 45 Min. zusätzlich) und wandern auf breitem Alpweg immer am Vergaldabach entlang mäßig ansteigend bis zur **Vergaldaalpe**.

Bald verschmälert sich der Weg und legt auch deutlich an Steilheit zu. Durch Bergblumenwiesen und Alpenrosensträucher ansteigend wird beim Standort **Rotbühel** eine Wegteilung erreicht. Wir ignorieren den Übergang über das Vergaldner Joch zur Tübinger Hütte und wandern nach rechts Richtung Valzifenzer Joch. Den klaren Bergbach querend kommt man bald zu einer Zollwachhütte in der Nähe der felsigen Rotbühelspitze. Der Weg führt an der Hütte vorbei und ausreichend weiß-rot-weiß markiert zunächst nur noch mäßig ansteigend durch die ursprünglich gebliebene Landschaft. Immer wieder werden riesige Felsblockhalden gequert, bevor nach kurzem Anstieg eine weite Hochfläche erreicht ist. Auf dieser wandert man eben dahin, im Frühsommer beleben bunte Blumenmatten das Bild. Zum Schluss zieht der markierte Steig in zackigen Serpentinen durch alpines Gelände steil bergan und erreicht das **Valzifenzer Joch**.

Rechts des Weges erhebt sich der markante Valzifenzer Turm. Vom Joch lässt sich eine prächtige Aussicht auf die Gargeller Bergwelt genießen. Der Abstieg verläuft durch Gras- und Schotterhänge, danach reich markiert über ein Blockfeld. Der Blick fällt auf einen kleinen Bergsee und auf die Zacken des Valzifenzer Grates, der die Grenze zur Schweiz bildet. Wir er-

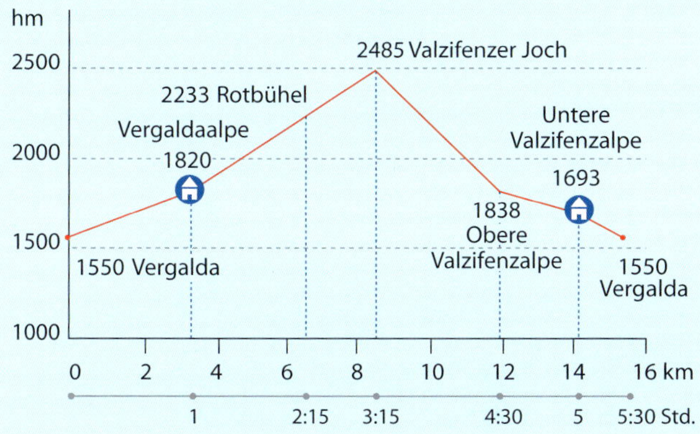

reichen einen weiten weltfernen Hochkessel, in dem sich außer dem Seeabfluss andere Wasser sammeln und eine trutzige kleine Zollwachhütte in malerischer Lage steht.

Hier beginnt der Abstieg ins Wintertal, der durch baumloses Gelände steil zum Bachbett hinunter leitet. Auf einer Holzbrücke wird das muntere Bergwasser überquert. Hier mündet der schmale Steig in einen breiteren Weg, der auf der linken Seite des kristallklaren Bergbaches hinunter zur Oberen Valzifenzalpe führt. Auf beiden Seiten des Tales ziehen Alpenrosenhänge weit hinauf. Nachdem wir erneut den Bach überquert haben, erreichen wir die **Obere Valzifenzalpe**. Zur Abwechslung wandern wir nun auf der rechten Seite des Valzifenzbaches mit Blick auf die zackigen Ritzenspitzen und stets im Bann der mächtigen Madrisa leicht bergab zur **Unteren Valzifenzalpe**. Lange Zeit war dies die Route der Säumer und Schmuggler, das Schlappiner Joch nutzend, das zum einen die Grenze zwischen Österreich und der Schweiz bildet, zum anderen aber auch als Grenze zwischen den Montafoner Gebirgsgruppen Rätikon und Silvretta gilt. Nur noch ein kurzes Wegstück zurück zum Ausgangspunkt und die eindrucksvolle Wanderrunde um die Ritzenspitzen hat sich geschlossen.

Ritzenspitzen.

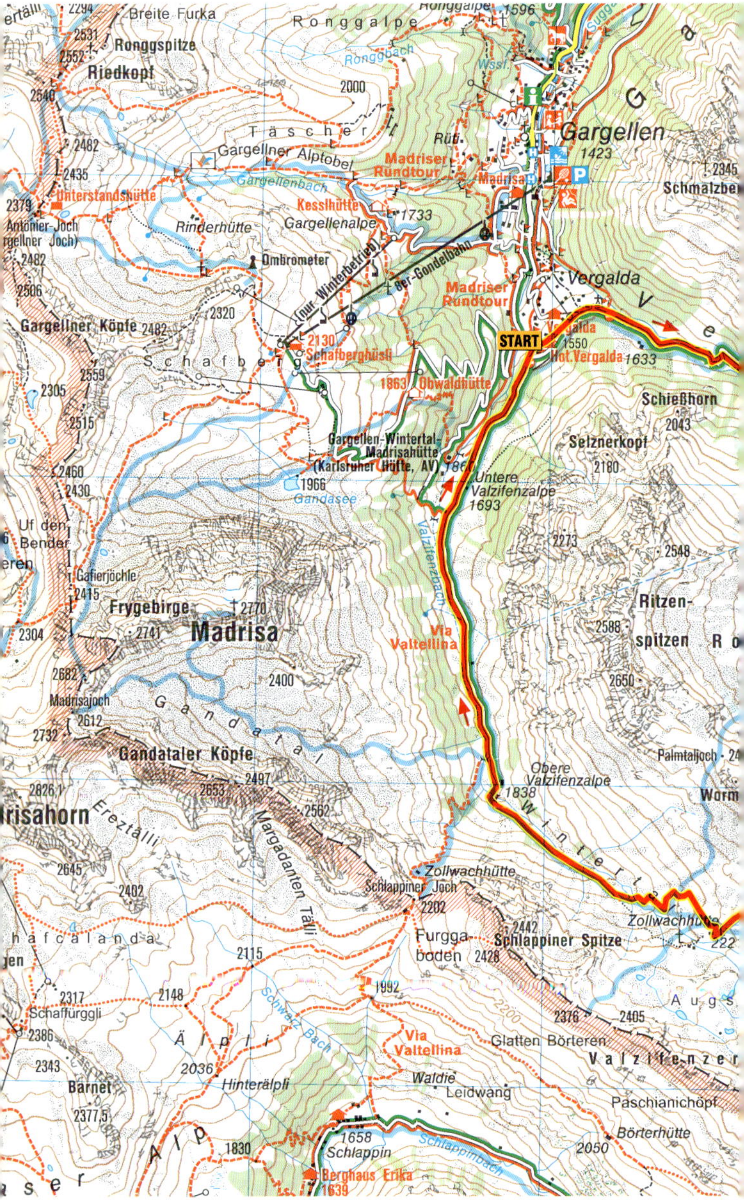

KOMPASS

0 500 m